优等生必知国学智慧书系

优等生一定要知道的名人名言典故

邵勋潜 编著

花山文艺出版社

图书在版编目(CIP)数据

优等生一定要知道的名人名言典故 / 邵勋潜编著.
– 石家庄：花山文艺出版社，2011.9（2021.6 重印）
（“读·品·悟”优等生必知国学智慧书系）
ISBN 978-7-5511-0327-5
Ⅰ.①优…　Ⅱ.①邵…　Ⅲ.①语文课－课外读物
Ⅳ.①G634.303
中国版本图书馆 CIP 数据核字(2011)第 191705 号

丛　书　名：优等生必知国学智慧书系
书　　　名：优等生一定要知道的名人名言典故
编　　　著：邵勋潜

策　　　划：张采鑫
责任编辑：于怀新
责任校对：齐　欣
特约编辑：李文生
全案设计：北京九洲鼎图书有限公司
出版发行：花山文艺出版社(邮政编码:050061)
（河北省石家庄市友谊北大街 330 号）
销售热线：0311-88643221
传　　　真：0311-88643234
印　　　刷：永清县晔盛亚胶印有限公司
经　　　销：新华书店
开　　　本：650×1080　1/12
印　　　张：10.5
字　　　数：120 千字
版　　　次：2011 年 9 月第 1 版
2021 年 6 月第 2 次印刷
书　　　号：ISBN　978-7-5511-0327-5
定　　　价：36.00 元

前言

人类文明传承了几千年。历经时间考验而流传至今的古今中外的名人名言，以纤细精巧的形式，托喻着丰富的社会哲理和人生旨意，闪耀着人类文明睿智的理性光芒。它的光彩从某种意义上说，不亚于洋洋万言的鸿篇巨著。

名人名言犹如金玉珠宝，闪闪发光。它们以最集中、凝练的语句，表达了古今中外名人对理想的追求、对祖国的挚爱、对人生的感悟、对社会的思考、对厄运的抗争、对学问的探讨、对品德的磨砺、对知识的渴望。这些名言透过历史的风尘，超越时间的阻隔，成为人类宝贵的精神财富。

名人名言广似珠林、深如瀚海，对于大部分学生来说，难以抽出大量时间阅读。因此，我编著了这本《优等生一定要知道的名人名言典故》，意在使同学们迅速抓住其中精髓，“窥一斑而见全豹”，从中获取借鉴，接受启迪，提高修养，活跃思辨。

本书在体例上分为五大部分：

一是：“译文”。每一句名言都有白话文翻译，帮助理解。

二是：“名人简介或名作简介”。书中的名言是出于哪位名人，哪篇名作，什么时代，均有标明，并对名人名作进行了详细的介绍。

三是“故事”。书中的故事，有的是名言产生的故事，有的是名言内容典故的故事。读了这些故事，可以更好地理解、背诵名言。

四是“赏析”。每一名言好在哪里，如何欣赏，都可以从中找到答案。

江山代有才人出，名言还要代代传。可以毫不夸张地说，同学们若能将这些字字珠玑、句句经典的名人名言诵记下来，必将受益终生。

由于我们水平有限，本书的体例和内容难免未能尽如人意，舛误之处敬请读者指正，以便今后修订完善。

邵勋潜

M

Q

R

S

T

Z

百闻不如一见

——西汉·赵充国

译文

从别人那里听说多次，也不如自己亲眼看到一次更可靠。

名人简介

赵充国（前137～前52年），是西汉名将，字翁孙，陇西上邽（guī）人（今甘肃天水）。为人沉着勇敢，熟悉兵法，精通少数民族事务，有将帅宏略。他在对匈奴、羌、氐的战争中，审时度势，每战必胜，威名远扬，被册封为后将军。宣帝继位后，因辅政有功，被封为营平侯。赵充国在中国历史上最有名的是提出了“寓兵于农，耕战两利”的策略，即屯田法。此方法被汉宣帝采纳后，取得了对羌战争的最终胜利，保持了西北边疆的稳定，同时对发展边疆农业也起到了积极的促进作用。赵充国之后，屯田法被历代政治家、军事家在实践中广为应用，在中国历史上产生了巨大的影响。

故事

赵充国是西汉陇西上邽人。他对于分布在今甘、青、川一带的匈奴和羌族情况很熟悉，曾率领军队击退匈奴的进犯，平定羌族的叛乱，被封为后将军。

汉宣帝时，赵充国已七十多岁了，皇帝认为他年纪太大，应该退休，就派人去问赵充国谁可以接替他的职务。可赵充国觉得自己年纪虽大，但精力不衰；而且也没有谁比他更了解西北地区和羌族情况，就回答说：“要说镇守西北边防，阻止敌人的侵犯，没有人会比我更合适，最好还是让我继续干下去！”

宣帝因西羌又在蠢蠢欲动，扰乱边境，于是召见赵充国，问他：“羌虏最近的情况怎样？该派多少军队去攻打他们？”赵充国说：“军事上的事不能从远离敌人的地方来估计。我愿意亲自到羌虏活动的地方去实地观察一下，然后再写出具体的方案报告陛下。这件事陛下放心地交给老臣好了，不必担忧！”赵充国悄悄来到羌虏所在的金城，详细地了解羌人的兵力和动向，察看了周围地形。他根据实际考察到的敌情制定了作战方案，报告朝廷批准后，很快制止了羌人的骚乱，羌族的首领打了败仗，互相责怪说：“我早就说不要背叛汉朝。现在还是赵将军在位，这位老将已经快 80 岁了。作战经验丰富，特别是对我们这里的情况了如指掌，我们能打得过他吗？”

打了胜仗以后，宣帝很高兴。他问赵充国：“老将军，你靠什么本领能这样料敌如神，百战百胜？”赵充国回答道：“老臣驽钝，并没有什么良谋奇计，不过，臣凡事都要遵循一个原则，‘百闻不如一见’，对敌情的判断，都要亲自看一看，想一想，然后再作出决定，不轻易相信传说和汇报，所以能八九不离十。”宣帝听后很高兴。“百闻不如一见”，便是这个故事中的名言。

赏析

听说的只是别人的看法和观点加上自己的想象的结果，而看到的才是自己最直观的感受，才是最真实可靠的事实。

面对同样的事物和观念每个人的看法都是不一样的，每个人都有自己独特的观点。别人的说法只是他们根据自己的经验表达出的想法，不一定是真实的，可能带有一定的个人感情色彩，而与客观事实也有一定的差距。所以，对待事物还是要自己真实看到才能了解事实的全貌，否则将会被别人的思维误导，进入误区。

本是同根生，相煎何太急 ——三国·魏·曹植

译文

我们俩都是同一条根上长出来的，你现在烧起猛火来煎熬我，你怎么这么急迫，这样残酷啊！

名人简介

曹植（192 ~ 232），三国魏诗人，字子建，沛国谯县（今安徽亳州）人。他是曹操之妻卞氏所生第三子，封陈思王。

曹植自幼颖慧，年10岁余，便诵读诗、文、辞赋数十万言，出言为论，下笔成章，深得曹操的宠信。曹操曾经认为曹植在诸子中“最可定大事”，几次想要立他为太子。然而曹植行为放任，屡犯法禁，引起曹操的震怒；而他的兄长曹丕则颇能矫情自饰，终于在立储斗争中渐占上风，并于建安二十二年被立为太子。曹植代表作有《白马篇》、《洛神赋》等，刘勰《文心雕龙·章表》中对其有“独冠群才”之称。赋以《洛神赋》最著，代表建安辞赋创作最高成就。诗之成就更在文、赋之上。钟嵘《诗品》谓其“骨气奇高，词采华茂，情兼雅怨，体被文质，粲（càn）溢今古，卓尔

不群”，推为“建安之杰”。

故事

曹植是三国时代大政治家曹操的小儿子。他十多岁就能诗善赋。曹操读了他的文章，常常赞叹不已。

有一次，曹操仔细吟味曹植的诗篇后疑惑地问道：“你这是请人代笔的吧！”曹植佛（fú）然不悦，朗声回答：“我言出为论，落笔成章，何必要请人代笔呢？父王不信，可以面试！”“孩儿何必当真，我只是随便问问罢了。”曹操笑了笑说。他心想，这个孩子聪慧过人，一定早成大器。曹操死后，长子曹丕继承魏王，就在这一年，他又废黜（chù）了汉献帝，登基做了皇帝。曹丕君临天下，得意非凡，可也有一桩心事折磨着他，那就是怕弟弟曹彰和曹植同他争夺天下。特别是曹植，才学超群，不同凡响，在大臣中威信很高。当年曹操就屡次想扶立曹植为太子。想到这里，曹丕杀心顿起，他托言思念兄弟，派了使者专程去曹彰和曹植的封地，召他俩入京。

曹彰和曹植还以为曹丕念手足情深，兴冲冲地奉诏入京。但刚到邺（yè）城，即遭软禁。几天后，曹丕借口枣子新熟，请曹彰进宫品尝。曹彰吃了曹丕赐给的枣子，当晚中毒身亡。这下，大臣们议论纷纷，母亲卞太后更是悲愤交加。曹丕也觉得这一手干得太露骨，不得不考虑用更隐蔽毒辣的手段来对付曹植了。于是，曹丕开始对曹植变得亲近起来，主动解除了对曹植的软禁，还经常和曹植谈诗论文，同辇出游。卞太后和大臣们都以为曹丕改悔了。一天，曹丕又宴请曹植。席间，他口口声声地恭维曹植的文情诗才，曹植连忙起身，拱手感谢皇兄的褒奖。“不过，先王在世时曾猜疑，皇弟的诗文是他人代笔，不知可有此事？”曹丕突然话锋一转，问道。听话听音，曹植感觉话中带刺，就冷冷地回敬了一句：“陛下不信，不妨面试，何必抬出先王呢？”“既然如此，朕限你在七步之内作诗一章，倘若不成——”“倘若不成，就以欺君之罪论处！”曹植没有等曹丕说完就接了上去。他神态自若，语调坚定。

当时，群臣相顾失色，都暗暗为曹植捏了一把汗。一个小小的内侍偷偷地溜进内宫，禀报卞太后。

曹植当然明白这是曹丕故意设下的圈套。但事已至此，与他争执毫无用处，退却更是无能的表现；只有振作精神，运用自己的诗歌表现才能，击破他的阴谋。况且，眼前的曹丕这种兄弟不容的行径，正可以作为入诗的材料。于是他缓步慢行，酝酿诗句。一步、两步、三步……殿上殿下，鸦雀无声，只见曹植还未挪动第七步，就启禀道：“陛下，诗已作成了。”“念吧！”曹丕见他才思如此敏捷，暗暗吃惊。曹植不慌不忙，语调中隐隐含着一丝悲愤，高声吟诵了《七步诗》，“本是同根生，相煎何太急”，便是这首诗中的名言。

赏析

兄弟姐妹都是有血缘关系的亲人，其实我们降临到这个世界上，能够有和自己同样血脉的亲人是很难得的事情。但是很多人却不懂得珍惜这份来之不易的亲情，不停地去计较得失，不停地去算计彼此，最后使得浓浓血缘比白开水还淡。“兄弟如手足”，兄弟姐妹如同我们的臂膀一样，如果不去珍惜，一旦失去了就如同断臂之痛，伤口终其一生也难以愈合。如果我们懂得友爱，懂得善待我们的亲人，那么我们就如同多了几个臂膀，得到更多的爱，伴我们风雨同舟，共度人生。

不入虎穴，焉得虎子 ——东汉·班超

译文

不进入老虎洞，就不能抓到小老虎。原指不亲历危险的境地，就不能获得成功。现比喻不经过艰苦实践就不能认识事物或取得重大的成就。

名人简介

班超（32 ～ 102），东汉名将。扶风安陵（今陕西咸阳市东北）人。班超是著名史学家班彪的幼子，其长兄班固、妹妹班昭也是著名的史学家。班超为人有大志，不修细节，但内心孝敬恭谨，审察事理。他曾出使西域，为平定西域，促进民族融合，作出了巨大贡献。

故事

班超是东汉时期有名的大将，他作为东汉王朝的使者，曾在西域活动了三十年，帮助西域各族摆脱匈奴的束缚和奴役，为东汉王朝开发西域立下了很大的功劳。

公元 73 年，班超受大将窦固派遣，第一次出使西域。他带领三十六名将士首先来到了鄯 (shàn) 善国（今新疆维吾尔自治区罗布淖尔西北），与鄯善国王商谈建立友好邦交之事。开始鄯善国王对他们非常热情，过了几天，班超发现鄯善国王的态度变得冷漠起来。这是什么原因呢？向侍者一打听，班超才知道三天前匈奴也派来了使者。由于匈奴使者从中挑拨，因此国王对建立邦交之事左右摇摆。

面对十分险恶的形势，班超立即召集将士商讨对策。他说：“不入虎穴，焉得虎子？如今只有连夜消灭匈奴使者，才能断了鄯善国王投靠匈奴的念头。”

当天夜里，班超率领三十六名壮士，悄悄摸进匈奴使者的营地顺风放起一把大火。匈奴人从梦中惊醒，吓得到处乱窜。班超和三十六名壮士以一当十，奋勇争先，经过一番搏斗，终于全歼了匈奴一百多人。

班超的果敢行动，震动了鄯善全国。鄯善国王见班超如此厉害，马上表示愿意服从汉王朝的命令，永远和汉朝和睦相处。班超胜利完成了使命。“不入虎穴，焉得虎子”，便是这个故事中的名句。

赏析

做任何事情，都要有一定的付出才会有所收获。成功需要不断的艰辛努力，突破重重包围，才能到达目标，获得胜利。

在做事情的时候，如果不下定决心，不愿付出努力，是无法达到目标的。就如同不经历黎明前最后的黑暗，是无法看到清晨的第一缕阳光一样。只有在付出了汗水以后，在成功的那一刻，我们才会体会到无法言喻的快乐和成就感。

不要人夸颜色好，只留清气满乾坤

——元·王冕

译文

它不羡慕姹紫嫣红的艳丽色彩，也不希望有谁来把它夸奖。它只有一个小小的心愿——让天地之间充满那淡淡的清香。

名人简介

王冕（1287 ～ 1359），元代著名画家、诗人、书法家。字元章，号煮石山农、饭牛翁、会稽外史、梅花屋主等。诸暨（今属浙江）人。出身农家。幼年丧父，在秦家放牛，每天利用放牛的时间画荷花，晚至寺院长明灯下读书，学识深邃，能诗，青团墨梅。隐居九里山，以卖画为生。画梅以胭脂作梅花骨体，花密枝繁，生机盎然，劲健有力，别具风格。亦善写竹石。兼能刻印，用花乳石作印材，相传是他始创。传画作品有《墨梅》、《南枝春早》等图。诗作语言质朴，不拘常格，有《竹斋集》。

故事

在一所乡村学校的窗外，一个七八岁的小孩，正踮着脚朝屋里张望，又见一个老先生正在摇头晃脑地教一群孩子念《三字经》。琅琅的读书声传到窗外，他便跟着念；看人家在纸上练字，他就用手在墙上勾勾画画地学着写。他几乎天天都站在窗外专心地偷听上课，而忘记了自己放牧在田野里的牛群。

这个孩子叫王冕，他长大以后，成了很有名的画家和诗人。

王冕小时候家里很穷，上不了学，他就替人家放牛，换口饭吃。有一次，他听课出来，发现走失了一头牛，他四处寻找，大声吆喝，可是不见牛的踪影，他急得大哭起来。父亲得知后，狠狠地揍了他一顿，不许他再去学校偷听。可是，第二天，他忍着伤痛还是偷偷地来到了窗下。就这样，天长日久，他识了不少字，能粗略地看懂文章了。于是，他就攒钱，买了几本旧书，夜晚跑到庙里，坐在弥勒佛的膝盖上，借着长明灯的灯光，专心致志地读书。

一天，王冕看到书上有美丽的插图，就开始照着画。在野外放牛，看到旭日东升，百花盛开，他觉得大自然真美，也情不自禁地学着画。有一年冬天，他发现山崖上挺立着几枝不畏严寒的红梅，那含苞欲放的花蕾，似乎在向他点头微笑。

于是，他一边铺纸描画，一边告诫自己：做人就要像这傲霸斗雪的梅花。他确实是这样不断磨炼自己的意志，长期沉浸在画梅咏梅的情趣之中。

元朝末年，兵荒马乱。王冕隐居九里山。他亲手栽种了上千株梅树，自称"梅花屋主"。他每天画画，画得最多的是梅花。他作画之后都要题诗，在一幅赠送友人的横枝梅花图上，他挥笔写了首《墨梅》诗，"不要人夸颜色好，只留清气满乾坤"，便是这首诗中的名句。

赏析

每个人都喜欢听到别人的夸奖，但是面对夸奖，有些人骄傲自满，以此炫耀，而有的人以此为告诫，不断地提醒自己不能满足，要不断地提高进步，以谦虚的态度对待，不骄不躁，而以平和的心态面对。

虚心使人进步，骄傲使人退步。如果仅是在别人的夸奖中沾沾自喜，以此为荣，而不思进取，反而害了自己。只有在谦虚平和的氛围中，才能促使自己不断进步，这样才能让自己的价值体现出来。

长风破浪会有时，直挂云帆济沧海

——唐·李白

译文

肯定有那么一天，我乘长风破万里浪，挂上云帆横渡大海，到达理想的彼岸。

名人简介

李白（701 ~ 762），唐诗人。字太白，号青莲居士。自称祖籍陇西成纪（今甘肃静宁西南），隋末流寓（在异乡日久定居）碎叶（今吉尔吉斯斯坦北部托克马克附近）。

李白少年时期受到很好的家庭教育，10岁诵诗书，观百家，作诗赋，学剑术，爱好十分广泛。15岁左右就写得一手好文章。

开元十四年起，李白三次游历，天宝三年秋，李白在洛阳和汴州分别遇见了杜甫和高适，三人便结伴同行，畅游了梁园和济南等地，李杜从此结下了深厚的情谊："醉眠秋共被，携手日同行。"（杜甫《与李十二同寻范十隐居》）这一时期，是诗人创作最丰富的时期，代表作品有《梦游天姥吟留别》、《将进酒》、《北风行》、《梁园吟》等。深刻地揭露现实和强烈的反抗精神是这个时期作品的显著特色。

宝应元年十一月，李白病逝在他的族叔当涂县令李阳冰家中，终年62岁。

李白被后人称为"诗仙"，《蜀道难》、《行路难》、《静夜思》、《望庐山瀑布》、《早发白帝城》等诗均为传世名作。

故事

唐玄宗天宝元年（公元742年），李白受到友人的推荐，被召入京，担任一个供奉翰林的闲职。天宝三年，他终因宦官高力士、驸马张垍和杨贵妃等人的诋毁，被迫离开长安。屈辱的两年过去了，在这即将离开长安的时刻，朋友们设宴为他饯行。

长安两年留给他的尽是打击、愤懑和不平。诗人常常感到孤独寂寞，而眼前的融融友情，深深地打动感染了他。诗人是纯情的，他的心被友谊的蜜充溢着，多么温暖而甜蜜。离别是多么令人神伤。酒席摆好了，尽是美味佳肴，还有李白特别嗜好的酒。“也许今后没有见面的机会了，”李白想，“应该给朋友们留下一点儿纪念。”于是告诉朋友们，他将即席赋诗，给他们留作永远的回忆。朋友们拍手叫好，有的人高兴得跳了起来，有的人情不自禁地哼起了已经谱过曲的李白诗。

看着眼前丰盛的酒席，李白的眼睛湿润了。朋友们手头并不宽裕啊。他想，今天一定要一醉方休，以酬众人深情。突然，他举到空中的酒杯停住不动了，他慢慢地放下酒杯，筷子也扔下了。他想起了自己的遭遇，抱负远大却不能实现，才华横溢得不到重用，反而惨遭诋毁，所有的理想几乎都成了泡影。真想到野外没有人的地方放声大哭一场。他抑制住内心的悲哀，迅速拔出腰间的佩剑，舞啊舞啊，到头来变得神情呆滞，显出无所适从的样子。

朋友们都来劝他，他终于又一次坐下了。唉，人生的艰难何止我遇到的？想要渡黄河而厚冰堵塞，想要登太行而风雪漫天。这种现象在自然界中，在现实生活中见得太多太多了，岂能奇怪？人总有时来运转的时候，姜尚80岁垂钓，才遇到文王；伊尹在受商汤聘请前只能做乘舟绕日月的美梦。姜尚、伊尹他们难道预见自己会得到重用吗？想到这儿，李白脸上的愁云逐渐散去，露出他固有的乐观而又自信的神色。他虽然是一位感情强烈的诗人，但过多的打击和挫折，使他慢慢学会了冷静地看待现实。是啊，人生的道路是艰难曲折的，岔路弯道很多，有时竟不知路在哪里。朋友们都为他的振作高兴。事实上，他对自己的前途充满了自信，政治抱负的实现总有到来的时候。到那时，乘风破浪的艰辛和乐趣只有我自己知道。李白的精神立即昂扬起来，与朋友们在酒席上谈笑着，似乎并没有发生刚才的不快，酒喝多了，有点儿飘飘然，他提起笔一挥而就，写出了自己刚才的心灵变化和心理感受。呈现在朋友们面前的是《行路难三首》。“长风破浪会有时，直挂云帆济沧海”，就是第一首诗中的名句。

赏析

做任何事都要经历挫折和困难险阻，我们只有表现出一种积极的追求，乐观自信的态度，和坚持不懈的品质，成功的大门才会为我们敞开。

保持乐观的态度，对我们的成长非常关键。乐观会使生活充满希望和美好。好的生活态度，能够帮助我们正确面对困难。而消极的情绪只能使人意志消沉，拉开我们与成功之间的距离。

出淤泥而不染，濯清涟而不妖

——北宋·周敦颐

译文

莲花从污泥里生长出来，都不沾染污秽；在清水里洗涤过，但不显得妖艳。

名人简介

周敦颐（1017～1073），北宋哲学家。字茂叔，号濂溪。道州营道（今湖南道县）人。曾官大理寺丞、国子博士。他的学说对以后理学的发展有很大的影响，在中国哲学史上起了承前启后的作用。他提出的无极、理、气、命等，成为宋明理学的基本范畴，他本人成为理学的创始人之一。著作有《太极图说》和《道书》等，后人编为《周子全书》。

故事

周敦颐自幼专心研读孔子、孟子传下来的儒学，造诣很高。他不求虚名而求保持自己的志节，不重富贵而重获得百姓的信任，生活上俭朴刻苦而尽量周济穷苦的人。但是，有这样高尚品质的人，在封建社会里是被看成为迂夫子而不可能做高官的。

周敦颐曾在南安做过负责刑法的小官，有个老百姓曾经和当地的大官王逵结仇，后来那百姓犯了逃避捐税的罪，这是小罪不该判重刑，王逵却公报私仇，要判他死刑，当地大小官员畏惧王逵的权势，谁也不敢出来挺身反对，周敦颐却坚持认为不该轻罪重判，几次三番当面和王逵讲理。

王逵发火了,吹胡子瞪眼睛,高声叫嚷,态度傲慢恶劣,周敦颐却不畏权势,始终从容平静而毫不让步。王逵派人到周家去劝他屈从,周敦颐却理直气壮地说:"以枉杀无辜去取媚上级,敦颐决不干。王大人既然固执己见,敦颐愿即日辞官归乡。"周敦颐一向为同僚、百姓所信服。王逵怕事态扩大,只得撤消自己的错误决定,并且主动向周敦颐道歉。

周敦颐的一些上级,知道他学识精深,愿意从他为师,在官场上是上下属,出了衙门便是师生相称。

当时社会风气很坏,官场上尤其黑暗。周敦颐的学生们向老师吐露苦水,说随着陋规恶习同流合污,他们的良心上过不去,要进行抵制而力量薄弱,不但没有效果有时还会带来祸患。为此,周敦颐将花的形象比拟为人的品质,以莲的形象比拟为不慕名利、洁身自好的生活态度;以爱莲之情来表达自己对这种生活态度的赞赏和追慕,表达自己对追名逐利、趋炎附势的恶浊世风的鄙视,因而他深有感触地写了这篇咏物抒情、托物寄意的小品散文《爱莲说》,"出淤泥而不染,濯清涟而不妖",便是该文中的名句。

赏析

一个人只要有信心,有毅力,一直坚持到底,不断地去拼搏进取就能取得最后的成功。在走向成功的路途中,下定决心,并坚持不懈地努力,保持自己的信念,不要因为外界的影响而改变自身前进的方向。如果遇到困难和挫折就知难而退选择放弃,永远达不到成功的彼岸。

态度决定一切,保持积极向上的乐观态度,也会帮助人们在面对困难的时候坚持自己的信念,向着目标,不断前进。

春蚕到死丝方尽，蜡炬成灰泪始干

——唐·李商隐

译文

春蚕直到死，才把所有的丝吐尽。蜡烛燃烧殆尽，满腔热泪才会流干。比喻意志坚定，至死不渝。

名人简介

李商隐（约 813 ～约 858），唐诗人。字义山，号玉谿（xī）生、樊南生，怀州河内（今河南沁阳）人。开成进士，曾任县尉、秘书郎和东川节度使判官等职。因受牛李党争影响，遭排挤而潦倒终身。

他的诗，有的是直接对时事政治表示态度的；有的是托古讽今，歌咏历史题材；有的是抒写友朋生死之情的；有的是感伤身世之作。而人们最熟悉的则是他的爱情诗。擅长律、绝，富于文采，构思精密，情致婉曲，具有独特风格。与杜牧并称“小李杜”，又与温庭筠并称“温李”。有《李义山诗集》。后人辑有《樊南文集》、《樊南集补编》。

故事

唐朝诗人李商隐，在与王茂元的女儿结婚前，曾经恋爱过。公元 834 年，李商隐因为生病，没有参加进士科考试，便随着他的重表叔崔戎来到兖州（今山东兖州西）。崔戎是兖海观察使，李商隐便在他手下供职。

这一年春天，李商隐赴兖州前，曾到过东都洛阳。一个偶然的机会，23 岁的李商隐和一个名叫柳枝的姑娘相识。柳枝是商人的女儿，当时才 17 岁，她的父亲出门经商时，遇到风浪，死于湖上，她很孤苦。柳枝容颜美丽，性情活泼，而且喜欢吹笛，声音婉转动人。

李商隐的堂弟叫让山，与柳枝是邻居。一次，让山在柳枝家南面的柳树下，正在摇头晃脑地朗诵李商隐的爱情诗《燕台》四首。优美的诗篇立即感动了柳枝。她惊诧地问："是哪位诗人的作品？"让山立刻回答："是我的堂哥李商隐。"柳枝一听大喜，就拉断长带作了一个结，托让山转赠，并向李商隐索要诗作。第二天，李商隐便和她相见了。两个人一见面，谈得很投机。柳枝不但活泼聪明，而且对诗歌有浓厚的兴趣，李商隐一下子便喜欢上了她。后来，李商隐的朋友故意开玩笑，把他的行装悄悄地随身带走，他只得离开洛阳。不久，不幸的事情便发生了，柳枝被人夺取作妾，让山把这个消息告诉了李商隐。李商隐悲痛万分，满腔相思深深地折磨着他。

这时候，李商隐无可奈何，只能通过诗歌表达对柳枝的思念。于是，满怀悲愤地写了一首《无题》诗，"春蚕到死丝方尽，蜡炬成灰泪始干"便是这首诗中的名句。

赏析

世间万物都有其相应的归终，如同人终有一死，或重于泰山，或轻于鸿毛。而蜡烛有一颗舍己为人的心，燃烧了自己，照亮了别人，充分体现了自己的价值。

生活中，我们身边也有很多这样的人，毫不利己专门利人，他们心中充满了助人为乐的热情。生活多了一点爱心，就为他人争取了多一点的幸福。而有些人却不是这样，他们自私自利，不为他人着想，甚至为了个人的利益不顾伤害他人的利益。

我们要学习蜡烛那种舍己为人的崇高精神，多付出一些，更能体现自己的人生价值。

大风起兮云飞扬，威加海内兮归故乡

——西汉·刘邦

译文

大风猛烈地吹刮，白云四处飘散；在声威遍及天下，万民臣服以后，我回到了养育我的故乡。

名人简介

刘邦（前256或前247～前195），即汉高祖，字季。西汉王朝的建立者。沛县（今属江苏）人。他是中国历史上第一位布衣皇帝，刘邦“以布衣提三尺剑取天下”，是中国历史上的一个传奇英雄。

他性格豪爽，心怀高远，年轻的时候到咸阳游玩，看见秦始皇外出巡游盛大的场面，就喟然太息曰：“嗟乎，大丈夫当如此也！”刘邦智术高明，知人善任，肯于纳言，是一位极具人格魅力的领袖人物。曾把有经天纬地之才的张良、萧何、韩信等文人武士都招揽到自己旗下为自己效命。

刘邦有两首诗歌流传于世，《大风歌》和《鸿鹄歌》。这两首诗歌都写得大气磅礴。

故事

汉高祖刘邦登上皇帝宝座以后，由于害怕有大功的开国元勋们造反，夺取汉家天下，就大杀功臣。韩信、彭越先后被杀，淮南王英布被迫举兵造反，刘邦无将可遣，只得带兵亲征。

前196年初冬，他在平定英布的叛乱后回京。途中，他来到了自己的故乡沛县。刘邦起兵前，曾在沛县做过泗水亭长。如今做了皇帝，真可谓衣锦荣归。沛县的官吏为刘邦设好了行宫，沛县的百姓也扶老携幼，前来夹道欢迎。刘邦在行宫大摆宴席，招待沛县的官吏和父老乡亲。同时，他又挑选了120名少年，来唱歌助兴。刘邦一时兴起，打着筑（古代一种乐器），信口唱出了著名的《大风歌》，“大风起兮云飞扬，威加海内兮归故乡”，便是这诗中的名句。

赏析

每个人都有很重的故乡情结，每个人都想功成名就，荣归故里。对于我们来说，因为年轻，还没有远走他乡，甚至都没有出过远门。但是，我们也需要努力，这样才会得到良好的成绩，来回报养育我们父母，回报教给我们知识的老师。我们都知道学习是为了自己，为了自己将来的前途，在我们成长中，父母和老师倾注了许许多多的心血和关爱。乌鸦尚且知道反哺，我们怎能不懂得回报他们给我们的爱呢？

大事不糊涂 ——《宋史·吕端传》

译文

指在大是大非面前头脑清醒。

名作简介

《宋史》,撰修于元朝末年,全书有本纪47卷,志162卷,表32卷,列传255卷,共计496卷,约500万字,是二十五史中篇幅最庞大的一部官修史书。

《宋史》是在原宋《国史》的基础上删削而成的。两宋时期,史官组织完备,雕版印刷术广泛应用,书籍流传和保存都较为便利,积累了大量史料,这就为元修《宋史》提供了良好的基础。但是由于《宋史》修撰者匆匆急就,在史料的裁剪、史实的考订、文字的修饰、全书体例等方面存在不少缺点,这使它在二十五史中有繁芜杂乱之称。尽管《宋史》存在不少缺点,但是它卷帙浩繁,叙事详尽,就史料的学术价值而言详胜于略。同时《宋史》的主要材料是宋代的国史、实录、日历等书,这些史籍现在几乎全部佚失了,而《宋史》是保存宋代官方和私家史料最有系统的一部书。

故事

宋太宗任命他的大臣吕端为宰相,主管朝政。吕端性格随和宽容,许多事情都由副宰相寇准和下属官吏去决定,向他请示时,他总是点头称是,很少提出不同意见。日久以后,人们议论纷纷,说吕端是个没有主见的"糊涂宰相"。这个不大光彩的称号传到吕端那里,吕端还是点头称是。传到宋太宗那里,太宗微笑着说:"你们还不了解吕端。"当时,党项族首领李继迁侵犯西部边境,两军交战中,宋军俘虏了李继迁的母亲,押解到了京城。那老太太很倔犟,宋太宗厌恨李继迁经常在边境扰害百姓,决定杀掉他的母亲。太宗把掌握军事的副宰相寇准召来,把这个决定通知了他。

寇准习惯于吕端遇事点头,去通知了他一声。哪知这次却出了意外,吕端听了便说:"此事还要商量,请暂缓行刑,容我去朝见天子。"吕端立即进宫,奏告太宗说:"志在争霸天下的人往往不顾到父母家人的安危。

从前楚霸王项羽捉到了汉高祖刘邦的父亲太公，通知刘邦要烹杀太公。刘邦回答说：'你我曾约为兄弟，我父也是你父。你要烹杀你父，请君分我一杯羹！'如果当时项羽真的杀了太公，只能激起刘邦全军的义愤和士气，现在陛下杀了李母，李继迁会怎么样呢？"

"朕没有想过。"太宗道。

"李继迁叛逆成性，陛下杀了李母，他一定借此大做文章，鼓励党项人更凶恶地在边境烧杀抢掠，大大增加我边境百姓的苦难。"

"那么，依你之意呢？"太宗问。

"不如对李母以礼相待，安置在延州地带，好好赡养照料。李母的性命掌握在我们手里，一可以争取李继迁为顺；二可以牵制他不敢过于凶狠地残害百姓；三可以让党项军队知道宋朝的仁德。"

太宗听了大喜，完全接受了吕端的建议。事后，太宗对左右臣僚们说："你们讲吕端是个糊涂宰相，朕却深知吕端小事随和，大事不糊涂。在处理李母这件事上，他多么有主见啊！"

后来，李继迁果然在行动上收敛了许多，而到他儿子执政时，便向宋朝投降了。"大事不糊涂"便是这个故事中的名句。

赏析

大事不糊涂，小事不计较，不要一味计较小处，要在乎长远。对待别人的小错误，不要总用放大镜看待。而对于原则性的问题和重大事件，我们要懂得去辨析黑白，不能糊涂了事。能做大事的人，能着眼于大处；能够笑到最后的人，才是真正的聪明。不要因为外物影响自己对于大事的判断，这样才能够到达最后的大成功。一味计较小事，而至因小失大，在大的原则上面犯糊涂，是永远不能做成事的。

大丈夫宁可玉碎，不能瓦全

——北齐·元景安

译文

宁作为玉器被打碎，不愿做陶器而得以保全。比喻宁愿为正义而死，决不苟且偷生。

名人简介

元景安，鲜卑族。河南洛阳人。性沉敏，善事人。北魏末，官至太中大夫，随孝武帝西迁。及东西魏交战，临阵投奔东魏。七迁兵部尚书。其部下军纪严明，秋毫无犯。入北齐，官至领军大将军，爵至历阳郡公。入北周，率军讨伐稽胡，阵亡。

故事

南北朝是我国历史上极为混乱的一个时期。特别是北朝，先后建立过十六个国家。他们之间，拼杀、篡夺、蚕食，斗争十分残酷。比如，北齐的高洋，原是东魏的宰相。他逼东魏帝元善见让位后，建立了新朝，接着又大肆屠杀元姓宗族。为了消灭潜在的反对力量，高洋不惜斩尽杀绝。

在恐怖气氛笼罩元姓宗族的情况下，众多的元姓官民，分别采取了不同的态度。他们有的想全家出逃，离开北齐的疆土，但往往被边防部队捕获，以叛逃罪杀害；有的想集结起来，在住所周围建造村寨乡堡，武装对抗，却又挡不住高洋的四面围攻，结果总是被杀害殆尽，连妇女、孩子都不留一个。但有些元姓宗族的人却不同了，他们也姓元，却想在高洋杀戮本族血亲的野蛮行为中捞到好处。

有个叫元景安的人，他在东魏时期，凭着与皇帝同族，担任定襄县令，很有些贪污勒索、欺压良民的劣迹。改朝换代以后，地位岌岌可危。高洋开始屠杀元姓宗族，他更是日夜不安，千思万虑要设法逃避这场灾难，保住自己的荣华富贵。后来，他终于想出了一个妙法。他知道，他们元氏本来姓拓跋氏，是上代进入中原后，为了向汉族文化靠拢，才改姓为元的。现在，元氏政权被消灭，高氏立国，为什么不再次改姓高氏，以表示对新王朝的忠心呢！

于是，他召集本族道友的所有男子在一起，提出自己的这一建议：他们这一支姓元的几百户人家，全都改姓为高，并上书朝廷表示忠诚，要求批准。想不到，他的堂兄元景皓听了，站起来表示坚决反对，他气哼哼地说："我们的姓，是祖宗传下来的。在前朝，我们没有做过坏事，对新朝，我们也没有惹祸。大丈夫宁可作为莹洁的白玉而被粉碎，不能成为不值钱的瓦片而得到保全，为什么要出卖祖宗的姓呢！"经他这一反对，元景安的计划没有实现，却又想出了另一个卑鄙狠毒的办法：上书朝廷，告发堂兄元景皓不肯改姓，并提出"大丈夫宁可玉碎，不能瓦全"的言论，是留恋前朝，反抗新朝。高洋接到告发书，就下令杀掉元景皓，而赐元景安姓高，继续当他的县令，两个兄弟，一个"玉碎"，一个"瓦全"，所有的人都看清了他们谁是高尚的，谁是卑劣无耻的。

赏析

人生价值如何体现，取决于每个人的人生态度和价值观念。有些人，宁愿高贵地死去，也不愿屈辱地活着。有些人为了一些蝇头小利而苟全，为了一些名利、金钱、地位，甚至不惜屈辱自身，而苟且地活着。

那些高贵死去的人，虽然死去，但仍然活在人们的心中，得到人们的赞美和肯定。而那些屈辱活着的人，虽然活着，却在人们心中已经死去，得到的只是人们的鄙视和否定。

为了高尚正义的事业而做出牺牲，甚至献身，能体现出一个人高尚的情操和高贵的人生价值。

等闲识得东风面，万紫千红总是春

——南宋·朱熹

译文

随便什么地方都可以看出东风的面貌，东风吹得百花开放，到处都是春天的景致。

名人简介

朱熹（1130 ~ 1200），南宋哲学家、教育家。字元晦，一字仲晦，号晦庵，别称紫阳。祖籍徽州婺源（今属江西）。人们曾用这样的话赞美他："集大成而续千百年绝传之学，开愚蒙而立亿万世一定之归。"乾道三年，偕学生林用中、范念德从福建赶赴岳麓书院，与张栻会讲三月，会讲的主要议题是"太极"和"中和"，然后同游南岳。朱张会讲，盛况空前，学生多达千人之众，其声势为全国之最，史称湖湘学派。自此之后，才去短集长，臻于成熟。淳熙十二年，他还动员衡州官府重修石鼓书院，提出把书院办成德行道义之实的教育机构的方针，使书院教育走上正轨。在石鼓书院复兴后，应湖南提刑宋若水之请，撰写了一篇名垂千秋的《石鼓书院记》，由张栻亲书，后人镌制成石碑，置于石鼓书院内，使“石鼓有声于天下”。他一生三次监南岳庙，但都只是遥领食俸，并未亲临南岳。明万历中与李宽、韩愈、李士真、周敦颐、张栻、黄干同祀石鼓书院七贤祠，世称石鼓七贤。他的理学思想在明清两代被提到儒学正宗的地位。著作有《四书章句集注》、《楚辞集注》等。

故事

一年春天，宋代著名理学家朱熹选择了一个大吉大利的好日子专程来到泗水（今山东省中部）之滨去游览观光，并瞻仰埋葬孔圣人的遗址，想探求一下孔子成为圣人的道理。当他到达那个风光秀丽的地方时，看到无边无际的美丽动人景色，使他的心胸豁然开朗，耳目也为之一新。

朱熹在这次游览中最大的感受和收获是认识到东风把生机盎然的春天带到了人间，促成了大自然一切生命的欣欣向荣。在这美好的春天中，他觉得只有东风才能把这大千世界装扮得万紫千红，如此瑰丽。这是东风对大自然中一切生物的无私奉献啊！诗人在这欣慰之余，想起了春天的美好，想起了自由自在的生活，想起了东风的巨大威力，于是脱口吟出了脍炙人口的《春日》诗，“等闲识得东风面，万紫千红总是春”便是这首诗中的名句。

赏析

春天来了，是一袭春风带来了万物的生机。“一年之计在于春”，春天是万物生长的季节，东风带来了春的暖意，使得大自然四处逢春，花朵色彩斑斓地开放着。想想，我们如果有春风一样的热情和温暖，一定会使得我们的周遭也感受到春天。我们身边的人，可以感受到我们的暖意，感受到我们的热情。面对“冬天”的寒冷和萧瑟，唯有我们怀有春一样的笑脸，才能够扫除阴霾，温暖人心。心中有温暖，处处皆是春。

读书百遍，其义自见 ——三国·董遇

译文

书读一百遍，其中的意思自然就能领悟了。

名人简介

董遇，字季直。为人质朴而又喜爱学习。董遇对《老子》很有研究，替它作了注释；对《春秋左氏传》也下过很深的工夫，根据研究心得，写成《朱墨别异》。

故事

三国时期，有个读书人名叫董遇。汉献帝兴平年间，关有战乱，他和哥哥只好外出避难。他们投靠了熟人，安定下来后，兄弟两个就靠上山打柴度日。每次上山，董遇总是带着书，空闲时间就拿出来读。他对《左传》和《老子》很有研究。

附近的读书人看董遇很有学问，就想跟着他学习，听他讲书。董遇不马上教他们，只是让他们回去把想学的书多读几遍以后再说。他们以为

董遇态度傲慢，不肯教他们，所以很不高兴。董遇向他们解释说：“只要你们把书读多读几遍，一边读，一边思考，书上的意思自然就了解了。”这时，有人说这办法虽好，可是自己没有那么多时间来读书。

董遇笑了笑说：“我们应该利用‘三余’时间，就是冬天没有农活的空闲时间，夜里不能种田的空闲时间，雨天不能外出的空闲时间。”这样一来，大家都明白了，心满意足地回去了。

赏析

万事开头难，任何事情都有它独特的方式和方法，只要克服了第一阶段，就会熟能生巧，后面的发展，自然会水到渠成，顺利展开。

学习也是一样的，想要掌握某种技能或学到某种知识，只有不断地学习，不断地磨炼，熟练了才能找到合适的方法和窍门。知识就要不断钻研，勤学苦练，才能真正掌握其内涵。如果对于知识只是粗略地了解一番，不去反复理解和回味，任何知识都不能被真正地掌握和运用。

读书破万卷，下笔如有神

——唐·杜甫

译文

读尽万卷书，写文章就会才思泉涌，就像有神仙相助一样。

名人简介

杜甫（712～770），唐诗人。字子美，诗中常自称少陵野老。祖籍襄阳（今属湖北），自其曾祖时迁居巩县（今属河南）。杜审言之孙。自幼好学，知识渊博，颇有政治抱负。开元后期，举进士不第，漫游各地。天宝三年在洛阳与李白相识。后寓居长安（今属陕西）将近十年，未能有所施展，生活贫困，对当时的社会状况有较深的认识。靠献赋始得官。及安禄山军陷长安，乃逃至凤翔，谒（yè）见肃宗，任官职左拾遗。长安收复后，随肃宗还京，为华州司功参军。不久弃官往秦州、同谷。又移家成都，筑草堂于浣花溪上，世称浣花草堂。一度在剑南节度使严武幕中任参谋，武表为检校工部员外郎，故世称杜工部。晚年携家出蜀，病死湘江途中。一说死于耒（lěi）阳。

其诗大胆揭露当时社会矛盾，对统治者的罪恶作了较深的批判，对穷苦人民寄以深切同情。善于选择具有普遍意义的社会题材，反映出当时政治的腐败，在一定程度上表达了人民的愿望。许多优秀作品，显示出唐代由开元、天宝盛世转向分裂衰微的历史过程，故被称为“诗史”。在艺术上，善于运用各种诗歌形式，风格多样，而以沉郁为主；语言精练，具有高度的表达能力。继承和发展《诗经》以来的优良文学传统，成为我国古代诗歌的现实主义高峰，起着继往开来的重要作用。《兵车行》、《自京赴奉先县咏怀五百字》、《春望》、《羌（qiāng）村》、《北征》、《三吏》、《三别》、《茅屋为秋风所破歌》、《秋兴》等诗，皆世代传诵。但有些作品也存在着较浓厚的“忠君”思想。有《杜工部集》。

故事

杜甫从小读书就非常刻苦，7岁时就熟读许多历代名家的名作，有的甚至能一字不差地倒背如流，并写出了题为《凤凰》的诗。他的许多诗都受到当时一些著名诗人的表扬。平日里，他对书总是爱如珍宝，一本接一本地读，常常为书着迷，忘记了吃饭和休息。日子一长，书都被翻烂了。杜甫24岁，在洛阳应进士考试落榜，就一直在长安写诗长达十三年，这期间，他寻求功名到处受阻，青少年时期的壮志，已化为满腔牢骚悲愤，为了抒发凄怆惆怅之情，于是挥笔写下了《奉赠韦左丞丈二十二韵》诗，而“读书破万卷，下笔如有神”便是这首诗中的名句。

赏析

每个人的一生中都应该读很多的书，因为不同的书中有其各自不同的内容和知识范畴，书读得多了，自然会了解更多方面的知识，对于人们生活学习都会有很大的帮助。

只有不断地学习和积累，让学到的知识在自己的大脑中形成一定的知识体系，这样才能在应用的时候更自如。如果平时不注意积累知识，在需要的时候就会发现储备的不足，这样会给生活带来不必要的麻烦。

所以，我们一定要在年少时候，珍惜光阴多读书，不断地学习进取，不断地积累知识，这样才能让自己更充实，才能在需要的时候取之所用。

读万卷书，行万里路 ——北宋·苏辙

译文

要博览群书，了解前人，又要四处游历，进行社会考察。

名人简介

苏辙（1039 ~ 1112），北宋散文家。字子由，号颍滨遗老，眉州眉山（今属四川）人。嘉佑二年与其兄苏轼同登进士科。官尚书右丞、门下侍郎。唐宋八大家之一，与父洵、兄轼齐名，合称三苏。著有《栾城集》，包括《后集》、《三集》共 84 卷。

故事

宋代著名的散文家、唐宋八大家之一的苏辙，和他的哥哥苏轼一样，文学上成就很高。苏轼、苏辙兄弟俩和他们的父亲苏洵，就是文学上有名的“三苏”。

有人请教苏辙，问他文章做得好有什么秘诀。他简捷地回答说：“读万卷书，行万里路。”这两句话完全符合他的生平经历，的确是他做文章和求学问的宝贵经验。

苏辙出身在书香门第，从小受到家庭环境的熏陶，酷爱读书，还能够结合实际，举一反三。他最爱读的是《孟子》和《史记》，受到很深的影响，所以他写的文章，说理严密而又富有感情，还常用寓言故事和生动形象的比喻来论证事理。

苏辙还从《史记》作者司马迁的经历中认识到，司马迁青年时代曾经游历名山大川，遍访各处历史遗迹，接触广大民众，开阔了眼界，所以写

出了伟大的历史巨著《史记》。苏辙从十九岁起也离家远游，他从故乡四川来到秦汉的古都长安、洛阳，浏览了嵩山、华山和终南山，访问了许多古迹，对于古代历史有了更深的认识；伟大祖国美好的大自然进一步陶冶了苏辙的审美情操。这些对于他写文作诗，都有潜移默化的作用。

在外漫游多年后，苏辙回到了家乡。当他又在书案前写作的时候，他深深觉得：读过的“万卷书”和走过的“万里路”，已成为他笔下取之不尽、用之不竭的源泉。锦绣文章，就这样从笔下源源不尽地流出来了。

赏析

苏辙求学的一个显著特点就是把读书和考察紧密结合起来，凡是他接触的书籍资料，都要穷源探本，决不含糊其辞。因此，他主张“读万卷书，行万里路”，既要博览群书，了解前人，又要四处游历，见多识广，强调知行结合。苏辙的这句名言和杜甫的“读书破万卷，下笔如有神”，有异曲同工之妙，都说明读书要超过“万卷”，提笔作诗才能文思泉涌，挥洒自如，同时也说明，只有博览群书，积累更多知识，写文章才能行云流水。

粉骨碎身全不怕，要留清白在人间

——明·于谦

译文

粉骨碎身也全然不怕，要把清白名声留传在世间。

名人简介

于谦（1398 ~ 1457），明政治家、诗文家。字廷益，号节庵。钱塘（今浙江杭州）人。永乐进士。宣德初授御史迁兵部右侍郎，巡抚河南、山西。正统末为兵部左侍郎。“土木之变”，英宗北狩，郕（chéng）王监国。瓦剌进逼北京，朝臣多有主迁都南京者，于谦力折其议。景帝命以兵部尚书提督军马，击退进犯之敌，以功加少保，总督军务。英宗复辟，石亨等人指控于谦拟迎立襄王之子，被杀害。成化初，复其官职赐祭，谥肃愍（mǐn）。万历年间改谥忠肃。其诗“风格遒（qiú）上，兴象深远；虽志存开济，未尝于吟咏求工，而品格乃转出文士上，亦足见其才之无施不可矣”。如《石灰吟》、《出塞》、《北风吹》等，都是历来传诵的名作。其文主要是奏议，叙事条畅明洁，不枝不蔓。著有《于忠肃集》。

故事

明朝正统十四年（公元 1449 年）蒙古瓦剌部的首领也先率领大军南侵。明英宗在当权宦官王振的挟持下，亲自出征。明军在土木堡（今河北怀来西）被敌军重重包围，仓促应战，全军覆没，死伤数十万人。明英宗当了俘虏，王振也在乱军中被杀。也先得胜以后，继续向京城进犯。

土木堡大败的消息很快传到了明朝的京城北京。朝廷中人心惶惶，乱成一团。皇太后和留守京城的郕王朱祁钰（yù）召集群臣商议。有个大臣竟提出向南逃跑，把京城迁到南方去，他说："根据天象的变化，京城应该搬到南方。"当时，于谦正在朝廷担任兵部侍郎。他大声反对说："提出京城向南搬迁的人应该杀头。京城是天下的根本，只要一动，大家就完蛋了。大家难道忘记了宋朝南渡的祸害吗？如今只有马上调集四方军队，誓死保卫京城！"

于谦这一主张，得到了许多大臣的认可。于是，郕王就把守城抗敌的任务，全部交给了于谦，并任命他为兵部尚书。

明英宗被俘以后，于谦认为必须另立皇帝，以安定人心。他明确地提出了"社稷为重，君为轻"的口号，奏请皇太后让郕王做皇帝。不久，郕王就正式即位，他就是明景帝。这一来，明朝政局也更加稳定了。

于谦为了抵抗瓦剌，日夜操劳，布置防务。当瓦剌军攻打北京时，他亲临战场，指挥明军，在德胜门处迎击，经过五天的战斗，瓦剌军死伤很多，被迫撤退了。瓦剌军退走后，于谦继续大力加强边防，防止瓦剌军再次侵犯。也先见明军防守严密，无隙可乘，最后只得释放明英宗。于谦在抵抗瓦剌的战争中，虽然立了大功，但他绝口不提自己的功劳。他生活十分俭朴，住房也非常简陋，仅能遮蔽风雨。明景帝赏赐他一所房子，他再三推辞，说："国家多灾多难，我怎敢自己住得安逸。"于谦推辞多次，因为景帝不答应，方才接受下来。他把景帝赐的衣袍等物品，全部封存，一件也没有动用。

过了几年，明景帝得了重病。明英宗乘机复辟，重新登上皇帝位。英宗上台以后，立刻捏造了一个罪名，把于谦杀害了。于谦死后，他的家族被发配到边地充军，家产也被没收。查抄他的家财时，抄家人发现于谦并没有多余的钱财，只有一些书籍。他们看到有个房间封锁得很严密，打开一看，原来里面放着的全是当年景帝赏赐的衣袍等物品。人们知道后，没有一个人不吃惊的。

于谦青年时，就立志献身祖国，为国家干一番事业。他 19 岁那年，曾经借吟咏石灰，表达自己不畏险阻，不惜牺牲的爱国精神和清白做人的坦荡胸怀，这就是《石灰吟》诗，“粉骨碎身全不怕，要留清白在人间”便是这首诗中的名言。

赏析

死，人人害怕，却是最难以避免的事情。区区数十年，没有人能够逃脱生命的轮回。但是有些人的生命轻于鸿毛，他们一生都为了自己的私利，不惜伤害到他人，伤害到集体的利益。而有些人的生命让我们觉得可贵、可敬、可叹。遇到危难，遇到极大的挫折，他们不会退缩，不会拿自己的人格尊严去换取苟且偷安。为了他人，为了大家牺牲了“小我”，这些人留了一世英名，永存于我们心间，这才是我们的榜样！

封侯非我意，但愿海波平 ——明·戚继光

译文

做大官不是我的意愿，只希望在海上消灭倭寇。

名人简介

戚继光(1528~1587)，字元敬，号南塘，晚号孟诸，山东登州(今

蓬莱）人。明代著名抗倭将领、军事家，与俞大猷齐名。率军之日于浙、闽、粤沿海诸地抗击来犯倭寇，历十余年，大小八十余战，终于扫平倭寇之患。世人称其带领的军队为“戚家军”。对练兵、治械、阵图等都有创见，著有《纪效新书》、《练兵实纪》等。

故事

嘉靖三十二年（公元 1553 年）夏天，戚继光被提升为指挥佥（qiān）事，管理三营（登州、文登、即墨）二十五卫所，专任防御山东海上倭寇之责，不久，他从山东即墨出发，沿海岸巡视山东半岛东部海防各营地军务。

戚继光乘着战船缓缓在海上行进。放眼望去，在岸边，几户低矮的民家，被早炊的烟尘与晨雾笼罩，显得格外宁静，真是一片和平景色。这时，戚继光上岸到文登营下，这里还遗留着几处被战火摧毁的废旧工事，大地回春，冷寂的矮墙败垒也洋溢着一派生机。军营中传来短促的笛号声，高亢激越，显现了战士们昂扬的斗志。戚继光再一次把眼光转向大海，在这里，海潮落下时还可以看到秦始皇纪功的石刻，而汉代渡海的浮槎却无处寻觅。面对苍茫的大海，遥思远方，还有百国并立，互竞存亡，再想到自己担负的防倭重任，不由得庄严发誓，绝不可松懈斗志，应居安思危，随时做好一切准备，同入侵的倭寇战斗到底，切实做到保境安民，才不辜负大好年华。于是，他有感而发，诗潮涌来，挥笔写了《过文登营》诗，“封侯非我意，但愿海波平”就是这首诗中的名句。

赏析

有些人的愿望是追逐名利和社会地位，所以他们为了达成自己的目标而不停地努力。但是终其一生得到了名利和社会地位，我们人生的意义又是什么呢？难道我们活一辈子就是为了得到名利？有些人，会做一些有益的事情，比如说报效祖国，服务于人民，这样并不一定会给他们带来多少利益，但是能够给他们带来内心的满足和安宁。

其实，只有充满意义的人生目标和经历，才能够在这个世界上留下痕迹啊！若干年后，没人会记住你拥有多少财富，你有多高的社会地位，人们记住的只是你曾经留下的美好。

富贵不能淫，贫贱不能移，威武不能屈，此之谓大丈夫

——战国·孟子

译文

富贵不能扰乱我的心意，贫贱不能改变我的节操，威武不能挫折我的志向，才叫做大丈夫。

名人简介

孟子（约前372~前289），战国时期思想家、政治家、教育家。名轲，字子舆。邹（今山东邹城东南）人。受业于子思的门人。历游齐、宋、滕、魏等国，一度任齐宣王客卿。把孔子“仁”的观念发展为“仁政”学说。提出“民贵君轻”说，劝告统治者重视人民，阐述了儒家重民思想。极力主张“法先王”，“行仁政”，肯定人性生来是善的，都具有仁、义、礼、智等天赋道德意识。其学说对后世儒者影响很大。被认为是孔子学说的继承者，有“亚圣”

之称。著作有《孟子》。宋代把它与《论语》、《大学》、《中庸》合为“四书”。

故事

景春是战国时期著名的纵横家，纵横家是战国时期致力于合纵或连横的外交说客，根据战略主张而分为两派。

有一次，景春与孟子讨论起有关大丈夫的问题，他说：“公孙衍和张仪难道不是真正的大丈夫吗？他们一发怒，诸侯就害怕，他们安居家中，天下就太平无事。”

景春这里所说的张仪，是连横派的代表，为秦国服务，从外交上分化、瓦解六国的联合，为强秦将六国各个击破；公孙衍为秦国的连横服务，后来又来到魏国为六国的合纵服务。张仪和公孙衍两人，一连横，一合纵，左右着战国时期的天下大势，因而对各国诸侯都有巨大的影响力。因此，景春才由衷地佩服这两个人，称他们为大丈夫。但是，孟子不屑一顾地说：“这哪能算大丈夫呢？你没有学过礼吗？男子行加冠礼时，父亲误导他；女子出嫁时，母亲误导她，送她到门口，告诫她说：‘到了你家，一家要恭敬，一定要谨慎，不要违背丈夫！’把顺从当做真理是妇人家遵循的道理。公孙衍和张仪在诸侯面前，不过也像妇人一样罢了。只有居天下最宽广的住宅‘仁’里，站立在天下最正确的位置‘礼’上，行走在天下最宽广的道路‘义’上，能实现理想时，就同人民一起走这条正道；不能实现理想时，就独自行走在这条正道上。富贵不能迷乱他的思想，贫贱不能改变他的操守，威武不能压服他的意志，这才叫做大丈夫。”“富贵不能淫，贫贱不能移，威武不能屈，此之谓大丈夫”，便是这个故事中的名言。

赏析

每个人都有自己不同的人生轨迹，每个人也有自己的人生抉择。很多人在财富面前，难以把持住贪婪的心理，忍不住去肆意攫取；也有很多人在强势面前，弯下了自己的腰杆，屈服于那些不公正。而我们，青春年少，要对这些事物树立正确的人生观和道德观。不属于我们的财富，就是不义之财，我们不能对其伸出自己的手；属于我们自己的人格，就是必需的尊严，我们要寸土必争，毫不退让。这样，才能够顶天立地地活在这个世界上。

苟利国家生死以，岂因祸福避趋之

——清·林则徐

译文

如果对国家有利，可以用我的死和生作为交换；怎能因为是祸就躲避，是福就靠前呢？

名人简介

林则徐（1785~1850），清末政治家。字元抚，一字少穆，福建侯官（今福州）人。嘉庆进士。与龚自珍、魏源、黄爵滋等人提倡经世之学。道光十八年（1838），授钦差大臣，赴广东查禁鸦片；二十年任两广总督，鸦片战争爆发，痛击来犯之英军。为了解西方情况，派人翻译外文书报，编成《四洲志》。受投降派诬害，被革职谪（zhé）戍伊犁。后召回为陕西巡抚，升云贵总督。因病辞归。有《林文忠公政书》等，今辑为《林则徐集》。

故事

19世纪70年代以后，英国为了从中国掠夺更多的财富，他们用走私和贿赂清朝官吏的办法，向中国输入大量鸦片。到1839年，每年输入鸦片多达四百多万箱。中国的白银大大流进英国殖民者的腰包，清朝政府的财政出现了危机；那些抽上鸦片的人，四肢无力，精神委靡，完全丧失了工作和劳动能力，成为废物，政府和军队也更加迅速地腐败起来。这种情况，引起了清政府中一些正直官吏的忧虑和重视，他们坚决主张禁烟；而另外一些贪官污吏和抽上大烟的贵族官僚，却坚决反对禁烟。

禁烟派的首领林则徐向道光皇帝说，鸦片是毒物，将使中国面临亡国灭种的危险，如果不禁止，中国将会征不到一个能够打仗的士兵，筹不到一分可以作军饷的银钱，国家就危险了。这话打动了道光皇帝，他连续八次召见林则徐，派他当钦差大臣，到广州去查禁鸦片。林则徐到了广州，一面捕捉烟贩，加强海防，一面通知外国商人，要他们在三天内交出所有鸦片。

英国政府代表义律等企图抗拒和破坏禁烟，林则徐和他们进行坚决斗争，最后他们只得交出鸦片，共计一万九千多箱，有两百三十七万多斤。不能再让这些鸦片去毒害中国人！1839年6月3日，林则徐下令将这些鸦片在广州珠江口的虎门海滩上全部焚毁！

帝国主义不甘心贩卖鸦片的失败，悍然派兵侵略中国。1840年6月，英国战舰和其他船只四十余艘，士兵四千多名开进中国海面，鸦片战争爆发。林则徐率领广东军民英勇抗击帝国主义的进犯，但道光皇帝却被帝国主义的兵船吓破了胆，竟将林则徐撤职查办，把他流放到新疆伊犁。林则徐毅然踏上赴新疆的长途，在告别家人的时候，他随口吟了《赴戍登程口占示家人》诗，“苟利国家生死以，岂因祸福避趋之”，便是这首诗中的名句。

赏析

真正爱国之人，根本不会因为个人的安危而放弃国家的利益。世界上虽然有不少人，自私自利，为了一己之利或者贪生怕死，抛弃朋友，抛弃亲人，甚至于抛弃国家，这样只会在历史的耻辱柱上刻上自己的恶名。但是像林则徐这样的人，我们会因为他不顾个人生死，坚持一心为国的信念，肃然起敬。能够为大义，不顾个人生死的人，都是值得我们学习的。

海内存知己，天涯若比邻

——唐·王勃

译文

四海内有朋友心心相连，即使远隔天涯，也像是近邻一样。

名人简介

王勃（650或649～676），唐代文学家。字子安，绛州龙门（今山西河津）人。祖王通，隋朝学者；叔祖王绩，唐初诗人。与杨炯、卢照邻、骆宾王以文辞齐名，并称“王杨卢骆”，亦称“初唐四杰”。诗擅长五律、五绝，“自是唐人开山祖”。杜甫《戏为六绝句》谓“王杨卢骆当时体”，“不废江河万古流”，是为确评。其诗如《送杜少府之任蜀州》、《山中》、《采莲曲》等，以其内容及形式论，皆冲破齐梁诗与宫体诗之桎梏，有所探索与创造，对近体诗格律的整饬及成熟，多有助益。其文以《秋日登洪府滕王阁饯别序》（习称《滕王阁序》）为传世名作，其中以“落霞与孤鹜齐飞，秋水共长天一色”之句惊世。其创作虽未完全脱尽齐梁习气，但已多有风骨声韵兼备之作。有《王子安集》传世。

故事

王勃在少年时就显露了出众的才华，6岁能写诗作文，15岁时应举及第，被誉为神童，授了官职。那时贵族高官盛行斗鸡，许多闲得无聊的王爷们把斗鸡当做生活的一部分。斗鸡有赢有输，赢了就高兴万分，到处炫耀自己；输了就恨天怨地，总想乘机报复，由此便生出许多是非来，王勃年少气盛，有一次替某王爷写了一篇檄文，声讨另一王爷的斗鸡。这本是开玩笑的事，被唐高宗知道后却当了真，认为王勃是在挑拨诸王，造成不和，当即勃然大怒，革了他的职。此后，王勃也曾做过几任小官，都因故被革职。

约在王勃25岁时，为到海南探望做官的父亲，路过南昌滕王阁。那天正是重阳节，秋高气爽，都督严伯屿在阁上大宴宾客，主要是准备借机显显他女婿的文才。严都督在席上假请众位宾客写文，大家心里明白，都推辞了，让这位女婿把事先准备好的文章抄写出来。唯有王勃这个不速之客，竟然接过毛笔便写了一篇《滕王阁序》，文中佳句迭出，美不胜收，后来，王勃渡海时不慎落水，一代诗人便受惊去世了。

王勃的诗，绝不输于他的文章。有一次，他在京都长安，送一位姓杜的朋友到蜀地（今四川省）任县尉，他举目看到长安城被辽阔的三秦地区拱卫着，偏僻的蜀地在风烟迷蒙中望也望不清。跟朋友分别，境况同是一样，大家都离乡背井在官场中沉浮。于是，发自内心的名言"海内存知己，天涯若比邻"挥笔立就，这就是《送杜少府之任蜀州》中的两句诗。

这首诗写得黯然伤情，却有积极高昂的情调。"海内存知己，天涯若比邻"是至今传诵的千古名句。

赏析

友情，可贵之处在于没有浓浓的血缘关系，亦不是出于人类本性男女之间的爱情，但是却那么醇厚。像浓浓的陈年老酿，时间越长美酒越香醇。我们要珍惜自己的友情，不要随便抛弃朋友，当我们感觉到友情无处不在的时候，即使是在天涯之远，也会觉得那些友人就在身边。要珍惜那些友情，珍惜那些和我们相濡以沫的人，只有他们才不会让我们感觉到孤独。

好读书，不求甚解，每有会意，便欣然忘食

——东晋·陶渊明

译文

平时爱好读书，但不过分寻求深奥的解释，往往对书中意义有所体会，便高兴得忘记吃饭。

名人简介

陶渊明（365 或 372 或 376~427），东晋诗人。一名潜，字元亮，私谥靖节，浔阳柴桑（今江西九江市西南）人。曾任江州祭酒、镇军参军、彭泽令等，后去职归隐，绝意仕途。长于诗文辞赋。诗多描绘田园风光及其在农村生活的情景，其中往往隐寓着他对污浊官场的厌恶和不愿同流合污的精神，也有对人生短暂的焦虑和顺应自然、乐天安命的人生态度。语言质朴自然，而又颇为精练，具有独特风格。散文《桃花源记》，辞赋《归去来辞》、《闲情赋》都很有名。有《陶渊明集》。

故事

东晋末年，朝政混乱。一些有见识的人无法施展他们的抱负。在这动乱的年代里，出现了一位大诗人陶渊明。在陶渊明 28 岁那年，他给自己画了一幅自画像：有位五柳先生，不知道是什么地方人，也不知道他的姓名。在他的屋边有五棵柳树，他就拿五柳先生作为自己的别号。

五柳先生性格闲静，平时说话不多，也从不去追求什么高官厚禄，他很喜欢读书，却从不像有些迂腐的书生那样死钻牛角尖。他只是凭着自己的爱好读书。有时读到会意的地方，会高兴得连饭都忘记吃。他喜欢

喝酒，因为家里穷，不能经常买酒喝。亲戚朋友关心他，有时也会备酒请他去喝。他总是喝个痛快，喝醉以后立刻告辞，从来不多作停留。

五柳先生生活十分清苦。他所住的房屋简陋得挡不住风吹日晒，屋子里几乎没有什么陈设。他穿的是破烂的衣服，经常吃了上顿没有下顿。虽然这样贫寒，他却是泰然自若，平时写点文章自得其乐，用文章来抒发自己志向。他已经忘记了世俗间的纷纭得失，只愿就这样度过一生。就这样，陶渊明借古人说的话来赞扬五柳先生，说他不为贫贱而忧虑，不热衷于追求富贵，实在难能可贵。正因为这样，陶渊明为了表明自己早期的生活态度，就写了这样一篇自况和实录的文章——《五柳先生传》。“好读书，不求甚解，每有会意，便欣然忘食”，便是该文中的名言。

赏析

“万般皆下品，唯有读书高”这句话放到今天已经有些不合时宜，但是书籍依然是我们积累知识的最佳捷径。但是，对于书籍，我们不能够强求它给我们带来一切。当我们细细揣摩书中所表达的意境，可能会百思不得其解。这时，我们不如粗略地读过去，这样能够在短期之内吸收更多的营养，等“书读万遍”，我们的理解力也就提高了。回味起之前的书卷，能够感慨良多。不求甚解，不是因为懒惰，而是因为我们要充分地利用时间和精力去汲取知识。

祸患常积于忽微，智勇多困于所溺

——北宋·欧阳修

译文

祸患常常是由平时不注意的细节积累造成的，而一个人的智慧和勇气常常会被他所溺爱和钟情的事物所限制。

名人简介

欧阳修（1007~1072），北宋史学家、文学家。“唐宋八大家”之一。字永叔，号醉翁、六一居士。吉州吉水（今属江西）人。

景祐三年，范仲淹因批评时政，被贬饶州，欧阳修为他辩护，被贬为夷陵（今湖北宜昌）县令。康定元年，欧阳修被召回京，复任馆阁校勘，后知谏院。庆历三年，范仲淹、韩琦、富弼（bì）等人推行“庆历新政”，欧阳修参与革新，提出了改革吏治、军事、贡举法等主张。庆历五年，范、韩、富等相继被贬，欧阳修也被贬为滁州（今安徽滁州）太守。官至翰林学士、枢密副使、参知政事。王安石推行新法时，对青苗法有所批评。谥文忠。主张文章应“明道”、“致用”，是北宋古文运动的领袖。曾与宋祁合修《新唐书》，独撰《新五代史》。有《醉翁亭记》、《秋声赋》等，结为《欧阳文忠公文集》。撰《六一诗话》，是我国第一部以诗话名书的著作。

故事

沙陀国的晋王李克用生了病，而且越来越重，自己觉得怕是不行了，就把儿子李存勖（xù）叫到床边，嘱咐他说：“朱温、刘仁恭和契丹是我的仇敌，这三家不消灭，我死有余恨！”说着，从床头拿出三支箭，交给李存勖说:“这三支复仇的箭交给你,一支讨伐刘仁恭,一支击败契丹,还有一支消灭朱温,希望你努力完成我的遗愿。”李存勖跪在床边,含泪接过三支箭,表示一定牢记父亲的嘱咐,李克用这才合眼死去。

李存勖继位做了晋王,他全力训练士兵,整顿军纪,把沙陀族士兵训练成了一支强悍善战的队伍。他按照父亲临终前的嘱咐,一次又一次有计划地向敌人发起进攻。作战中,他身先士卒,奋不顾身,常常冲在队伍前面和敌人搏斗。经过十多年的作战,他大败梁军,灭了后梁;俘虏了刘仁恭父子,把他们押到晋阳杀死;最后又大破契丹的南侵,把他们赶回了北方。

李存勖报了大仇,祭告父亲在天之灵,把三支箭封藏在家庙里,然后即位做了皇帝,就是后唐的庄宗。在这以前,他可算得上是意志坚定、一往无前的英雄。可是,他做了皇帝以后,却好像换了一个人,志满意得,尽情享乐,把国家大事丢在一边。他从小爱看唱戏,跟戏班子的伶人十分接近。战争刚结束,他就整天跟伶人们混在一起,自己穿着戏装,登台表演,还取了个艺名叫“李天下”。而且,他再不和曾为他尽忠竭力的文武大臣接近,却特别宠幸宦官和伶人。有个叫景进的伶人,更是得势。谁要是得罪他,他就在庄宗面前说他坏话、叫他倒霉;谁要是奉承贿赂他,就官运亨通。

庄宗还任命两个伶人当了刺史。将士们很不服气,纷纷起兵反对他。最后,一个他所信任的,由他破格任命为亲军指挥的伶人发动叛乱,打进了皇宫,李存勖匆匆逃出,在乱军中被一支流箭射死。

宋代的欧阳修指出:这段历史正说明“祸患常积于忽微,而智勇多困于所溺”——祸害常常是从微小的事情上积累起来的,一个人的智慧和勇气常常会销蚀在他所溺爱的人和入迷的娱乐上。

欧阳修的这番话,不仅是针对唐庄宗的悲剧而说的,实际上也是非常深刻的人生格言,对每个时代的人都有启发!

赏析

每个人都有自己的喜好,每个人都有自己愿意做的事情。作为年轻人,我们总是喜欢玩乐,喜欢在游戏中寻找乐趣。虽然这不是什么坏事,但是长年累月地沉迷于此,我们就会忘记我们正处于学习的最佳时机。错过了这个时机,我们就会被社会所淘汰,就会成为一个无用之人。沉迷于一件事物并非是绝对的坏事,但是如果不懂得适可而止的话,我们只会因小失大,最终耽误了自身的前途,将自己的人生希望给扑灭了。

兼听则明，偏信则暗

——唐·魏徵

译文

广泛地听取意见就会明白清醒；只听信一面之辞就会糊里糊涂。

名人简介

魏徵（580～643），字玄成，魏郡内黄（今河南内黄西北）人，唐初政治家。曾任谏议大夫、左光禄大夫，封郑国公，以直谏敢言著称。

少时贫困，隋朝末投奔瓦岗军，兵败，归唐。后为窦建德俘获，念才而收之。建德兵败，复归唐。官至太子洗马，乃李建成近臣。玄武门之变后建成死，唐太宗以其耿直，升谏议大夫，后迁秘书监，参预朝政。犯颜直谏太宗两百余次。卒时，太宗悲恸至极，谓侍臣："人以铜为镜，可以正衣冠，以古为镜，可以见兴替，以人为镜，可以知得失。魏徵没，朕亡一镜矣！"著有《隋书》序论，《梁书》、《陈书》、《齐书》的总论，主持修撰梁、陈、齐、周、隋史，主编《群书治要》。其言论多见《贞观政要》。有《魏郑公文集》三卷。

故事

唐太宗李世民在登基做皇帝之前，比较能注意生活俭朴、爱惜财物，对手下的文武官员也很尊重，经常听取他们的意见。到了贞观二年，天下太平，唐太宗不免渐渐追求起奢华的生活享受来。

皇帝身旁，总有些善于奉承拍马的奸邪小人，他们便迎合着进言："陛下鞍马辛苦了半生，也应该享一享贵为天子的清福！应该在洛阳造一座舒适的行宫，空闲时可以出巡休憩，保养身体。"唐太宗很听得进，便下旨征发民工，拨国库银两修建洛阳行宫。给事中张玄素知道后奏告说："从前平定洛阳的时候，陛下曾经下令拆毁隋朝奢侈宏丽的行宫。时间不到十年，现在又要建造行宫，学起隋朝的样子来了。陛下为了个人安乐，役使天下受尽苦难的百姓，这跟隋朝有什么两样？甚至比隋炀帝还坏！"唐太宗有点儿听不下去了，反问说："你说我连隋炀帝也不如，那比起桀、纣来怎样？"

桀、纣是历史上有名的暴君，唐太宗说的是气话。谁知张玄素毫不畏惧地顶撞说："要是行宫一定要造，我看就跟桀、纣差不多！"唐太宗听张玄素把自己比作桀、纣，大为恼怒，便把魏徵召来，详谈事情的经过，要商量定张玄素一个诽谤顶撞罪。魏徵早就知道这件事，此刻，他从容地回答道："陛下，我们不谈暴君桀、纣，而谈古代的圣君尧、舜好不好？尧经常亲自到各地去倾听百姓的意见；舜定期让十二州的首领来当面评论自己的施政得失。这些意见或评论，当然有正确的，也有错误的。尧、舜听得多听得广，有了比较，头脑就清醒了，如果只听一方面的意见，就会糊里糊涂、分不清是非。"

魏徵看唐太宗在点头，脸色也缓和了。又说："关于建造洛阳行宫的事，陛下也听到了两种相反意见，'兼听则明，偏信则暗'，我想陛下经过比较，一定会清楚的。至于他们说的话，有的中听，有的不中听，是不该影响说话的实质内容的。"唐太宗冷静下来想了想，觉得还是张玄素的话正确，便下令停止建造洛阳行宫，并把魏徵说的"兼听则明，偏信则暗"这句名言记在宫中的书案上。"兼听则明，偏信则暗"，便是这个故事中的名言。

赏析

无论什么事情，可能都有很多面，而且每个人看到的结论都不尽相同。但是我们有时候总是喜欢偏听偏信，听风就是雨。其实这样，我们根本就得不到接近真理的答案。就像盲人摸象中的盲人一样，每个人都有自己的看法，但是只有把这些看法综合起来，才是真正的大象。如果懂得这个道理，我们就会集思广益，不会因为片面之词就轻易地相信，草率地做决定。因为只有完整地听取了大家的意见，我们才会得到真知。

金玉其外，败絮其中 ——明·刘基

译文

外面像金玉，里面却尽是破棉絮。比喻外表漂亮，内里破败。

名人简介

刘基（1311~1375），明诗文家。字伯温。浙江青田南田武阳村（今属文成）人。元末进士。曾任江西高安县丞、江浙儒学副提举等。为当权者压抑，弃官还居青田山中，发愤著《郁离子》以针砭时政。至正二十年（1360）至应天（今江苏南京），劝朱元璋脱离韩林儿，独树一帜，并为策划用兵次第，参预机要。明初任御史中丞兼太史令，封诚意伯。受权臣李善长、胡惟庸排斥，入明仍不甚得志。善文章，与宋濂齐名，有《诚意伯刘先生文集》等。

故事

有一天，刘基在杭州碰到一个卖水果的，他有一套保藏柑子的手艺。他的柑子，大热天大冷天都不会溃烂，放在货架上，颜色金黄漂亮，刘基买了一个，割开一看，内瓤干瘪得像破棉絮一样。刘基生气地质问那卖水果的:“你卖柑给人家,难道只能供在盘子里看看吗?凭着它的外表来欺骗人,太不像话啦!”

卖水果的人笑着回答:“我从事这一行业多年了,靠它生活。我卖,人家买,一向没有人责备我。你来说些什么啊!”他接着说:“世界上靠外表欺人的多着哩。难道只有我一个?那些全身盔甲、武装齐全的将军,难道真能保卫国家吗?那些纱帽红袍,骑马坐轿的文官,难道真能治理国家吗?他们哪一个不像我的柑子一样,是‘金玉其外,败絮其中’呢?”

刘基听了一下子无话可答,只能向那卖水果的干瞪眼。卖水果的却不罢休了,继续说:“先生,你看来是很注意内在质量的,不愿意受华丽外表所欺骗,那么,你为什么看不到世上的文臣武将,他们内部塞的都是些破棉絮呢?”刘基退下来仔细想想,卖水果的人所说的好像都是不可抹杀的事实。于是,他对自己说:“是啊,我既然无法去揭露社会上许多人‘金玉其外,败絮其中’的事实,又何必去批评这位卖水果的人呢?”

刘基回到家里,有感而发,立即挥笔写了《卖柑者言》这篇文章,“金玉其外,败絮其中”便是该文中的名言。

赏析

表面看起来光鲜亮丽的事物,并不一定就内涵丰富。很多人把时间和精力都花在装点事物的外在上,而忽略了充实其实质。于是,事物只有一个漂亮的外壳,但实际上内质却空空如也,无一可取。人也是如此,我们不能只在乎一个人的外表,内在的东西才是一个人的本质所在。如果一个人没有内涵,没有实质,即便是有美丽的外壳,也必然会遭人厌恶。因此我们要不断地充实自己的内心,让自己变得饱满起来。

近水楼台先得月，向阳花木易为春

——北宋·苏麟

译文

接近水边的楼台先得到月亮的照耀，朝着阳光的花树容易迎来春色。比喻由于地处近便而获得优先的机会。

名人简介

苏麟，北宋诗人。仅有“近水楼台先得月，向阳花木易为春”两句传世。

故事

北宋的范仲淹是我国历史上有名的政治家和文学家。他在任时，十分注意选拔合适的人才。有一年，他出任杭州知府。杭州经济较为发达，但吏治极为混乱。范仲淹亲自察访调查后，发现杭州府衙和所属各县的县吏，有不少是无能怠惰的人，他认为，要革新杭州吏治，首先要选拔大量清廉能干的人才来代替这些不称职的官吏。

范仲淹通过各种办法去发现有真才实学而又品德高尚的人，经过一番考验，就安排到合适的工作岗位上去。

杭州城里有一个精通武艺而又讲仁义，爱百姓的人，常帮助穷苦人抵制豪强的欺凌。范仲淹了解以后，请他来掌管府衙的护卫亲兵。

城外一个乡的里正，天性耿直，熟悉刑法。府、县一些衙役头目要到这个乡里敲诈勒索，那里正总是据理力争，从不屈服。范仲淹知道了，就把他调到府衙帮办刑务，大大发挥了他的才能。杭州城和附近县里一些有德有才的读书人，范仲淹通过诗会、文会等活动，把他们团结在自己的周围，有的请他们担任适当的职务，有的作为日常工作的参谋。

总之，凡是在杭州附近，范仲淹能够接触到的，绝大多数都获得了施展才能的机会，做到了人尽其用。那时，有个叫苏麟的人，在杭州府所属边远的县里当一名小小的巡检。此人志大才高，平生最佩服范仲淹的为人。他很希望范仲淹能注意到他，吸收到范的手下工作，但是，路隔较远，没有机会。于是苏麟就写了一篇文章，详细地谈了自己的抱负、学识以及对范仲淹的仰慕之情，同时又作了一首《有感》诗，表示他渴望得到范仲淹的教诲。其中有两句“近水楼台先得月，向阳花木易为春”，这句话巧妙地把范仲淹比作月亮和太阳，同时暗示自己身处边远地方，还没有受到范仲淹的注意和教导。

范仲淹读了苏麟的文章，觉得他很有才华，那首诗写得非常得体。再打听了一下，知道苏麟是个品学兼优的人，便写信把他请到杭州城，经过一段时间接触，范仲淹确认苏麟有德有才，便把他调来杭州城担任比较重要的工作。

赏析

一棵大树，往往阴面的枝叶短小，而向阳而生的枝叶总是繁盛许多，那是因为它们离太阳更近的缘故啊。我们要学会找到最靠近“阳光”的地方，那样才能够吸收到更多的阳光。如果远离阳光，我们或许会成长很慢，或许会枯萎，就像花朵一样。

只有真正地靠近阳光般的人，阳光般的事物，我们才会受益良多，让我们有力量前行，让我们未来的人生路一路阳光。

捐躯赴国难，视死忽如归

——三国·魏·曹植

译文

为拯救国家的危难赴汤蹈火，即使是牺牲自己的生命，也要把死看做像回家一样。

名人简介

（见第 3 页）

故事

曹操的第三个儿子曹植，以擅长诗赋，辞藻华美闻名于世。曹操很喜欢他。

曹植除了文辞优美以外，还很关心政事，希望能有建功立业的机会，不愿仅仅以文章传世。可是，尽管他在诗文说辞中反复申述自己要为国效命疆场，却不能如愿。曹操死后，曹丕继位，不久又受禅为魏朝开国的魏文帝。他一向疑忌弟弟曹植，怎肯把统率军队的实权交给曹植？魏文帝四十岁去世，儿子曹叡（ruì）即位为魏明帝。曹植以皇叔的身份，多次上奏章请求参加魏朝的军事政务，为国立功。明帝虽然每次都"优诏奖答"，赞赏曹植忠心为国，却始终没有要他担任什么工作。很可能，曹丕早已嘱咐儿子要提防这位叔父了。

因此，曹植的爱国抱负，只能在诗歌文章中抒发，他早就说过，要"建永世之业，流金石之功"，希望自己的功勋记载在传世的钟鼎上，大名永垂史册。他在著名的《白马篇》中，借一个少年侠士的口，生动、详尽地申述了自己为驱逐来犯的敌人，不惜牺牲的宏大志愿。他在诗中说：边疆常常传来警报，胡人来去飘忽地侵袭沿境各地。军中文书从北方传来，侠士立刻飞马登上边关的高地，准备长驱直入到匈奴腹地，再密切注视着左边的鲜卑敌人……最后，曹植以铿锵有力的一联名句结束全诗：“捐躯赴国难，视死忽如归！”甘愿牺牲生命奔赴国边的急难，把死轻松地看成是像回家一样！

多么坚定的决心，多么宏大的志愿。“捐躯赴国难，视死忽如归”，在后世鼓舞激励了多少爱国的志士仁人啊！

赏析

爱国是一个永恒不变的话题，因为我们有爱国之心，才会有爱人之心。如果一个人连自己的国家，连自己民族都不甚热爱的话，那么我们的人生也就会变得一片茫然。多少热爱祖国的人们，为了拯救国家，视死如归，献出了自己宝贵的生命。现在祖国和平安定，我们的爱国之心不用在战场上体现，我们更要努力学习知识，以后为国家，为人民作出自己应有的贡献。每个人都有一颗爱国之心，每个人都献出一点光和热的话，我们的祖国必然会繁荣昌盛。

鞠躬尽瘁，死而后已

——三国·蜀·诸葛亮

译文

恭敬谨慎，尽心竭力地工作，一直到死为止。

名人简介

诸葛亮（181~234），字孔明，琅琊阳都（今山东沂南南）人，蜀汉丞相，三国时期杰出的政治家、外交家、发明家、军事家。东汉末，隐居邓县隆中（今湖北襄阳市襄州区），留心世事，人称“卧龙”。建安十二年，刘备三顾草庐，他向刘备提出“隆中对”，从此成为刘备的主要谋士。在世时被封为武乡侯，谥曰忠武侯。后来的东晋政权为了推崇诸葛亮的军事才能，特追封他为武兴王。曾制造“木牛流马”，利于山地运输。著有《诸葛亮集》。

故事

诸葛亮是三国时著名政治家、军事家。青年时隐居隆中，人称“卧龙”，他上知天文，下知地理，足智多谋。没落皇族刘备打算兴复汉室时，有人向他推荐了诸葛亮。于是刘备三顾茅庐，请出了诸葛亮。从此诸葛亮跟随刘备东征西战，奠定了三国鼎立的局面。

刘备去世前托孤于诸葛亮，诸葛亮为不辜负刘备的重托，先后平定了南方一些部落的叛乱，并且积极备战，于公元227年准备北伐曹魏。临行前，诸葛亮向后主刘禅写了著名的《出师表》（史称《前出师表》）。此次北伐未果，诸葛亮又养精蓄锐几年，再次出师伐魏。出征前，他又写了《后出师表》，“鞠躬尽瘁，死而后已”便是这表中的千古名言。诸葛亮一直在实践着这句名言，后来病逝于五丈原军中。

赏析

有些人一辈子都像老黄牛一样，勤勤恳恳地为他人，为集体贡献着自己的力量。这样的人不求回报，一直默默无闻地作着贡献。他们有奉献精神，毫不利己专门利人，为了大义不惜身死。这样的人必然会受到人们的尊敬。我们要学习这样的精神，我们要尊敬这样的人。这样的人天生就拥有阳光，照射在每一个人身上，大家都能够感觉到温暖。我们是向日葵，就应该向着阳光肃然起敬，就应该追随着阳光修炼自我。

老骥伏枥，志在千里；烈士暮年，壮心不已

——东汉·曹操

译文

年老力衰的良马即使趴在槽头，但它的志向也在于能日行千里；有理想的人即使接近晚年，但他的雄心壮志也不会消沉。

名人简介

曹操（155 ~ 220），即魏武帝。三国时政治家、军事家、诗人。字孟德，小名阿瞒，沛国谯县（今安徽亳州）人。东汉末年，在镇压黄巾起义军中，逐步扩充军事力量。初平三年占据兖州，分化、诱降青州黄巾军的一部分，编为"青州兵"。建安元年(196)"挟天子以令诸侯"，先后削平吕布等割据势力。官渡之战大破军阀袁绍后，逐渐统一了中国北部。建安十三年，进位为丞相，率军南下，被孙权和刘备的联军击败于赤壁。后封魏王。子曹丕称帝，追尊为武帝。

他在北方屯田，兴修水利，解决了军粮缺乏的问题，对农业生产的恢复有一定作用；任人唯才，打破世族门第观念，搜罗地主阶级中下层人物，抑制豪强，加强集权。所统治的地区社会经济得到恢复和发展。他喜欢音乐，雅好诗章，网罗文士，形成邺下文人集团，是建安文学的代表作家。其文学成就主要在诗歌。今存诗20余首，皆为乐府歌辞，或反映汉末动乱的现实，或抒写自己的怀抱。代表作有《蒿里行》、《观沧海》、《龟虽寿》、《短歌行》等诗。遗著《魏武帝集》，已佚，有明人辑本。

故事

东汉末年，曹操打败了袁绍大军，袁绍呕血而死。他的儿子袁尚抵挡

不住曹兵的步步进攻，逃到北方去依附少数民族乌桓。于是曹操决定北征乌桓。他杀掉了辽西的乌桓单于蹋顿，收降了二十余万兵将。袁尚又率残部逃往辽东。曹操手下的谋士分析说：“袁尚一定会逃到辽东太守公孙康那里去，公孙康仗着天高皇帝远，一向不服朝廷调遣，我军应迅速乘胜追击，生擒袁尚，兼可攻破公孙康。”

曹操摇着头说：“我军停驻辽东，不必劳师动众，不久公孙康就会把袁尚的人头送到。”不久，公孙康果然送来了袁尚的首级，谋士都佩服曹操料事如神，曹操笑着说：“这并不奇怪，公孙康向来忌惮别人的军队到他的辖区。如果紧追袁尚，他就会联合袁尚，抵御我军；我不去追，公孙康便会怕袁尚算计他，要杀掉他来使我退步了。”曹操胜利班师，过了易水以后，正逢那一带遭了旱灾。行军两百里都找不到水喝，最后只得掘地三十多丈，才得到水源。军粮用完，在当地找不到补给，只得宰几千匹战马充当军粮。曹操因此感慨很深。天下如此混乱，身不离鞍近二十年，往后还得南征北战。打了胜仗，又会遭遇天灾，为大军的饮食给养而担心。一个人能活多少年？一生中能建多少功业？想到这些，诗潮泉涌，他挥笔写了首《龟虽寿》诗，“老骥伏枥，志在千里；烈士暮年，壮心不已”，便是这诗中的名句。

赏析

真的勇士敢于面对惨淡的人生，敢于面对淋漓的鲜血，即使到了夕阳迟暮，勇士也不会退缩，一往无前。而年轻的我们，凭什么只看到眼前的短长，而看不到远处的风景呢？我们的未来是和理想挂钩的，未来能飞多远，理想就是一个标准的参照物。越是有理想，越是坚定理想的人，一定会为了自己的理想奋斗终生。而年轻正好有更多追求理想的机会和资本，所以我们不能轻言放弃。

临渊羡鱼，不如退而结网

——西汉·董仲舒

译文

与其站在河塘边急切地期盼着鱼儿到手，还不如回去下工夫织好渔网，这样就不愁得不到鱼。表示与其空空羡慕，不如动手去干。

名人简介

董仲舒（前179~前104），西汉思想家、哲学家、政治家、教育家。广川（今河北景县西南）人。专治《春秋公羊传》。曾任博士、江都相和胶西王相。汉武帝举贤良文学之士，他对策建议："诸不在六艺之科，孔子之术者，皆绝其道，勿使并进。"为武帝所采纳，开此后两千余年封建社会以儒学为正统的先声。

在著名的《举贤良对策》中，他系统地提出了"天人感应"、"大一统"学说和"罢黜百家，独尊儒术"的主张。教育上，主张以教化为"堤防"，立太学，设庠序。著作有《春秋繁露》及《董子文集》。

故事

汉朝继秦朝建立之后，接过的是一个烂摊子。这个烂摊子，用孔子的话来说，就像不可雕的朽木，无法洗刷干净的粪土之墙一样。虽想把它治理好，也是无可奈何。出台一项法律，就会有奸佞之徒钻空子；公布一条命令，也会有狡诈之徒拒不服从。其结果，公布各项法律、命令倒成了坏事，如同往沸腾的水里再加开水，抱起柴木去救熊熊之火，法律和政令越来越起不到应有的作用。打个比方说吧，如果琴瑟之弦不够调和，严重时必须解下来重新加以张设，才可以鼓奏；推行政令而得不到实行，严重时必须调整政令而重新加以改变，才能进行治理。当重新张设而不加以张设，虽有高明的琴工也调整不好琴弦；当重新改变而不加以改变，虽有高明的士人也治理不好天下。汉朝夺得天下以来，常想把天下治理好而至今治理不好，究其原因，就在于应当重新改变政策而没有改变。古人曾经说："站在河边欣羡美味的鱼，不如回家编织渔网。"至今，汉朝掌权并希望把天下治好的愿望已有七十多年了，不如冷静下来重新改变政策。重新改变政策就可以治理好；治理好了，就可以逐渐削除灾祸，迎来福禄。"临渊羡鱼，不如退而结网"，便是这个故事中的名言。

赏析

我们总是羡慕身边那些优秀的人或者是有才华的人，但只是羡慕又有什么用呢？我们要加倍努力成为那样的人，而不仅仅是羡慕而已。站在一边看着他人在跑道肆意挥洒着青春和热情，不如一起踏上跑道，和他们一起奔跑。我们也有自己的理想，我们也有自己的才华。与其花时间和精力去做一个守望者，眼巴巴地羡慕他人，不如做一个追逐者，去追逐他人或者追逐自己的人生，这样才是一种明智之举啊！

路漫漫其修远兮，吾将上下而求索

——战国·屈原

译文

不管追求真理的路途是多么漫长，多么遥远，我也要上天入地，登山入水，去寻求它！

名人简介

屈原（约前 340 ~ 约前 278），战国时楚国的诗人。名平，字原。又自云名正则，字灵均。楚国贵族。丹阳（今湖北秭归）人。

屈原一生经历了楚威王、楚怀王、楚襄王三个时期，而主要活动于楚怀王时期。这个时期正是中国即将实现大一统的前夕，“横则秦帝，纵则楚王。”屈原因出身贵族，又明于治乱，娴于辞令，故而早年深受楚怀王的宠信，位为左徒、三闾大夫。他学识渊博，主张彰明法度，举贤受能，东联齐国，西抗强秦。后遭到贵族子兰、靳尚等人的谗害而去职。楚襄王时被放逐，长期流浪沅湘流域。后楚国首都郢亦为秦兵攻破，他既无力挽救楚国的危亡，又深感政治理想无法实现，遂投汨（mì）罗江而死。传世作品有《离骚》、《九章》、《天问》、《九歌》等，都保存在刘向辑集的《楚辞》中。

故事

屈原从小博学多才，二十多岁便担任重要官职左徒，辅佐楚怀王处理国家大事，对外接待各国贵宾。

那时，战国七雄中秦国最强大，对六国虎视眈眈。屈原向楚怀王建议，联合各国共同对抗秦国，又在出使齐国时充分施展外交才能，后来终于组成了大国的合纵联盟，推举楚怀王当“纵约长”。怀王由此信任屈原，命他起草重要的《宪令》。

屈原在《宪令》里，写进了改革楚国的政治和法律，选拔贤才，限制贵族特权等内容，要使国家富强起来。可是，上官大夫靳尚、令尹（宰相）子兰、楚王宠姬郑袖等人，千方百计企图维护贵族利益，反对改革，破坏屈原起草《宪令》。一天，靳尚闯进屈原家中，要屈原把《宪令》草稿拿给他看，屈原当然不同意。靳尚见案几上正摆着草稿，便上前一把夺在手里，可是被屈原抢回了，他严肃地说：“在大王批准以前，谁都不准看《宪令》草稿！”

靳尚气呼呼地走了，他见阻挠不成，就和郑袖等人在怀王面前大肆造谣污蔑，卑劣地攻击屈原。楚怀王从此怀疑和疏远了屈原，不但把制订《宪令》的事搁起来，还把他降职，最后甚至把他逐出郢都，流放到荒野之地。楚怀王死后，他的儿子楚襄王继位，屈原又一次遭到流放的厄运。

在两次流放期间，屈原写出了一生中最伟大的长诗《离骚》，“路漫漫其修远兮，吾将上下而求索”，便是这首诗中的名句。

赏析

有人为了追求真理，甚至付出了生命也在所不惜。爱迪生为了找到最后用做灯丝的材料，数百次的实验，数百次的失败，最后才换得那根细细的钨丝。此时，那根钨丝就是爱迪生眼中的真理。尽管看起来是毫不起眼的东西，但是它给千万家送去了光明。所以，我们在追求真理的路上肯定会遇到很多艰难险阻，会遇到很多沼泽和深渊，但是我们应该和爱迪生一样，为了“光明”，孜孜不倦，勇往直前。

莫等闲，白了少年头，空悲切 ——南宋·岳飞

译文

不要浪费青春岁月，以免等到头发白了的时候，徒然地悔恨悲叹。

名人简介

岳飞（1103～1142），南宋初抗金名将。字鹏举。相州汤阴（今属河南）人。建炎三年（1129）金完颜宗弼渡江南进，他移军广德、宜兴，坚持抵抗。次年，他攻击金军后队，收复建康（今江苏南京）。所部军纪严明，英勇善战，称“岳家军”。后以坚持抗金，反对和议，为秦桧等以“莫须有”罪名所陷，囚大理寺狱死。孝宗时，追谥武穆；宁宗时，追封鄂王；理宗时，改谥忠武。岳飞精忠报国，武略超人，在文学上亦颇有成就。后人编有《岳武穆遗文》（一作《岳忠武王文集》）。诗存十余首，《送紫岩张先生北伐》、《题新淦萧寺壁》等，格调高昂，一如其文。词存3首，尤以《满江红》最为著名。

故事

南宋抗金名将岳飞，一生中大部分时间都战斗在抗金前线。他统率的岳家军，多次打垮强大的金军，使金军望而生畏地说：“撼山易，撼岳家军难！”

绍兴十年，金军统帅兀术率领十万大军，兵分四路大举南侵。岳飞联络了河北的忠义民兵夹攻金军，收复许昌、郑州、洛阳。兀术不甘心失败，领一万五千骑精兵，攻打岳飞驻守的郾城。这时郾城岳家军只有几千人

马。岳飞派儿子岳云领兵冲锋，对他说：“这一仗你非打胜不可！打不胜，回来先斩了你！”岳云挥舞铁锤率先杀入敌阵，部下战士并肩前驱，像猛虎冲进羊群一般，杀得金兵前锋部队纷纷毙命，战场上遍布着他们的尸体。

兀术遭此惨败，并不甘心。他在战场正面摆上一支“铁搭兵”（“铁浮图”），这支部队人高马大，浑身上下连同战马全都披挂着厚密的铁甲，除了人的眼睛和马的四腿，几乎刀枪不入。兀术又在左右两翼部署了“拐子马”。他认为，这一万五千骑精兵足以打垮岳家军了。

岳飞毫不畏惧，布置了针锋相对的战术。当拐子马冲过来时，岳家军骑兵略为转弯避开凶锋，随即驰到拐子马中段，猛烈地横冲侧击，使拐子马队阵势大乱，死伤不计其数。岳家军对付铁塔兵，则用左手持盾牌护身，右手持麻扎刀、大斧，下斫敌骑马脚，上斫敌兵胸部，这样又把兀术的这支王牌军消灭了。由于岳家军个个英勇无敌，十万金兵一下子被消灭了好几万，金将兀术领着残部大败而逃。这就是有名的郾城大捷。

郾城大捷进一步鼓舞了北方的各路义军，岳飞派人到太行山等地联络，于是各路义军纷纷打起“岳”字旗号，准备早日跟岳家会师。各地的老百姓早就盼望着这一天，便纷纷拉车牵牛，运送粮食给义军，有的人甚至准备好了迎接岳家军的香烛，等他们来时夹道欢迎……

那时，在燕山以南的大部分地区，金国的命令已无人理睬。兀术想征发军队抵抗岳飞，黄河以北竟没有一个接受命令前去会合。兀术丧气地说：“自我起兵以来，还没有这样的惨败！”

同时，在金军内部也人心动摇。猛将乌陵觉得已控制不了他的部下，就说：“你们不要轻举妄动，等岳家军来了我们便投降。”大将韩常则准备率领五万部下投降，还有更多较小的部队，都已经投到岳家军旗下了。

岳飞看到抗金形势大好，高兴极了，情不自禁地唱起了《满江红》词，“莫等闲，白了少年头，空悲切”，便是这词中的名句。

赏析

冬日里温暖的被窝是极有诱惑力的地方。我们往往会因为“被窝”这样的诱惑而不可自拔，难以解脱。很多人就因为这样或者那样的诱惑，偏离了自己的方向，浪费了自己宝贵的青春。因此，我们不要再虚度光阴，等到自己真的变成白发苍苍的老人，再悔恨岁月蹉跎就来不及了。现在，趁着我们还拥有青春，就请好好珍惜，充分把时间利用起来，去挥写我们的理想蓝图。

奇文共欣赏，疑义相与析

——东晋·陶渊明

译文

有奇妙的诗文大家一同欣赏，有疑义的地方互相讨论分析。

名人简介

（见第 42 页）

故事

公元 410 年，陶渊明在浔阳柴桑的旧居遭火灾后迁居于南村。他为什么要搬家呢？他并不是要找一个舒适吉利的地方，而是因为新居这个地方有许多心地淳朴、气节高尚的人，是自己乐意朝夕相处的人。正是由于这一点，才使他早就有了搬家的愿望；虽然想法已经很长时间了，但直到现在才得以实现。这个新居房子并不大，也并不好，但诗人的要求也不高，只要能放张床和席，能挡挡风雨就心满意足了。

陶渊明迁居后感到很欢欣，因为这里可以得到精神上的满足，平时邻居们聚在一起，高谈阔论，畅所欲言，无所不谈，无所拘束。有了奇文大家一起欣赏，有了疑问大家一起探讨磋商。这样的日常生活，怎能不使他心满意足呢？于是，陶渊明为了表达闲适、避世的生活情趣，欣然命笔，写了首《移居》诗。“奇文共欣赏，疑义相与析”，便是这首诗（其一）中的名句。

赏析

对于美好的事物，大家都会欣赏，都会赞叹事物之美。那些共同之美，都会吸引大家的眼球，吸引大家的目光。不过，世间的事物总是表现出多面性，包含着很多方面，不同的角度能够看出不同的问题。即使是对于同一件事物，大家也都是仁者见仁智者见智。我们要多多和他人讨论分析事物的不同点，这样能够消除我们的疑虑，让我们对于事物能够有更加全面，更加正确的认识。那种不肯听取他人意见，也不肯和别人交流自己看法的人，是永远不会进步的。

前事不忘，后事之师 ——春秋·张孟谈

译文

以前的事情不要忘记，它可以作为今后的借鉴。

名人简介

张孟谈，生卒年不详，姬姓，张氏，名孟谈。战国初赵襄子的家臣。

故事

春秋末期，晋国的大权落到了智、赵、韩、魏四家大夫手里。智家大夫智伯野心极大，他以赵家大夫赵襄子不肯交地为由，联合韩、赵两家一起攻打赵襄子。智伯的军队用水将赵襄子的晋阳（春秋时古邑名。故址在

今太原布西南晋源镇）城淹了三年，赵襄子的左司马张孟谈便自告奋勇地请求出城去游说韩、赵两家大夫。

张孟谈凭自己的口才，成功地劝说韩、赵两家反戈一击，终于灭掉了狂妄的智伯。赵襄子非常高兴，决定好好地奖赏张孟谈，于是就将晋阳城封给他，让他管理。可是张孟谈决定辞去官职，回家养老。

赵襄子疑惑不解地问他为什么不肯当官，来辅佐自己治理国家。张孟谈说："我观察过古代的君臣，他们能出生入死，一道打天下，结局圆满，这是常事。可是得到天下之后，君臣能平分权力，并能有圆满的结局，却是没有的。要知道，前事不忘，后事之师。牢记前人的教训，以后做事情就可以从中获得经验了。即使你不答应，我也不愿意再干了。"赵襄子见张孟谈态度如此坚决，便不好强迫他，让他回老家种田去了。

赏析

人不犯错误是不可能的，但是为错误付出的代价，我们一定要牢记，一定要从中吸取教训。很多错误有时候都是犯了又犯，我们已经看见别人经受了这样的磨难，就一定吸取他人的经验，不要让自己再去重蹈覆辙。当我们走在路上，看到别人因一块绊脚石而摔倒了，我们还会让自己也被拌倒吗？道理就是这么简单，可是我们总是忘记。要时时想想那块绊脚石才不会让悲剧重演。

勤能补拙是良训，一分辛苦一分才

——华罗庚

译文

勤奋可以弥补天分的不足，花一分辛苦就能增长一分才干。

名人简介

华罗庚（1910～1985），江苏太湖西北金坛县人。世界著名数学家，中国解析数论、矩阵几何学、典型群、自安函数论等多方面研究的创始人和开拓者。国际上以华氏命名的数学科研成果就有“华氏定理”、“怀依—华不等式”、“华氏不等式”、“普劳威尔—加当华定理”、“华氏算子”、“华—王方法”等。

故事

1910年11月12日，华罗庚生于江苏省金坛县。他家境贫穷，决心努力学习。上中学时，在一次数学课上，老师给同学们出了一道著名的难题：“今有物不知其数，三三数之余二，五五数之余三，七七数之余二，问物几何？”大家正在思考时，华罗庚站起来说：“23。”他的回答使老师惊喜不已，并得到老师的表扬。从此，他喜欢上了数学。

华罗庚上完初中一年级后，因家境贫困而失学了，只好替父母站柜台，但他仍然坚持自学数学。经过自己不懈的努力，他的《苏家驹之代数的五次方程式解法不能成立的理由》论文，被清华大学数学系主任熊庆来教授发现，邀请他来清华大学。华罗庚被聘为大学教师，这在清华大学历史上是破天荒的事情。

1936年夏，已经是杰出数学家的华罗庚，作为访问学者在英国剑桥大学工作两年，而此时抗日的消息传遍英国，他怀着强烈的爱国热忱，风尘仆仆回到祖国，为西南联合大学讲课。华罗庚十分注意数学方法在工农业生产中的直接应用。他经常深入工厂进行指导，进行数学应用普及工作，并编写了科普读物。

华罗庚为青年树立了自学成才的光辉榜样，他是一位自学成才，没有大学毕业文凭的数学家。他说：“勤能补拙是良训，一分辛苦一分才。”这就是他的名言。

赏析

有人说过：成功是99%的汗水加1%的天才。大部分人都不是天才，但是勤奋确是人人经过努力都可以做得到的。大地的每一滴水，天空洒下的每一寸阳光，最后都凝结成了一颗颗果实。我们付出的努力，就像甘露，就像阳光，最后都会成为成功的垫脚石。所以，我们的努力都不会白费。每一滴汗水，就是一块垫脚石，付出越多，我们搭建的平台就越高，我们就能够摘到更多的“星星”。

请看今日之域中，竟是谁家之天下

——唐·骆宾王

译文

看一看现在的天下，到底是谁的天下？

名人简介

骆宾王（约638~？），字观光，婺州义乌（今属浙江）人。唐代文学家，与王勃、杨炯、卢照邻并称“初唐四杰”。曾任临海丞。后随徐敬业起兵反对武则天，兵败后下落不明，或说被杀，或说为僧。其诗以七言歌行见长，多悲愤之词。又善骈文，所作《代李敬业传檄天下文》，则天见之，有“宰相因何失如此之人”之叹。有《骆宾王文集》。

故事

唐高宗的皇后武则天长得很美，才能出众，又是个野心很大、泼辣残忍的女人。唐高宗害了重病，不能管理国事，就把百官的奏章全交给皇后处理。武则天聪明能干，显然比高宗强得多了。此后，皇帝临朝，皇后在帝座后面垂帘听政。朝政大权，全掌握在武皇后手里。

638年，高宗病死。武则天先后把两个儿子立为皇帝；不久，一个被废，另一个实际被软禁，由她自己以皇太后身份直接执政。她还重用武姓子弟，逐渐暴露出要以武姓代李姓，建立新王朝的野心。这样一来，自然引起了唐朝宗室和一些元老重臣的反对。唐朝的功臣之子，被贬为柳州司马的徐敬业等人就在扬州举兵讨伐武则天。著名诗人骆宾王也加入了义军，并负责起草了征讨武则天的檄文（古代用于声讨敌人的文书），向天下昭告武则天的罪状，发动各地起兵响应。

骆宾王的檄文一一揭露武则天做过的坏事和她的篡权野心，写得慷慨激昂，情文并茂。特别是檄文的最后两句：请看今日之域中，竟是谁家之天下？意思是说，看一看现在的天下，到底是谁的天下？且看胜利以后，长安京城终究要回到李姓皇帝手里。这两句名言充分表达了讨伐军推翻武则天，志在必胜的信心。檄文发出，天下震动。连被骂得狗血喷头的武则天，读了也不禁赞赏骆宾王的文采，责怪宰相没有提拔重用这样的人才。但是，掌握着中央大权的武则天终于把这次讨伐镇压下去了。徐敬业被杀、骆宾王下落不明。起义失败了。

武则天虽然一度登上皇位，但死后不久，天下依然属于李家，骆宾王檄文的预言还是说对了。这两句名言从当世到后代，一直为人们所传诵。

赏析

任何一个朝代都有动乱的时候，当天空出现阴霾的时候，我们一定不要悲观泄气。即使到了雨天，也不要被一片混沌蒙蔽了双眼。我们心中有阳光，才会有勇气和力量去面对风风雨雨。走在雨夜中，可能会寒冷，可能会被雨水泡湿双脚，但是走出迷雾，我们就能找到我们的希望。只要不失去激情和希望，一切都会拨开乌云见太阳。

人固有一死，或重于泰山，或轻于鸿毛

——西汉·司马迁

译文

人总有一死，有的人死得比泰山还重，有的人死得比鸿毛还轻。

名人简介

司马迁（约前145或前135～？），西汉史学家、文学家、思想家。字子长，夏阳（今陕西韩城）人。因对李陵军败降匈奴有所辩解，得罪下狱，受腐刑。出狱后任中书令，发愤继续完成所著史籍。人称其书为《太史公书》，后称《史记》，是中国最早的通史。此书开创了纪传体史书的形式，书中不少传纪语言生动，形象鲜明，是优秀的文学作品，对后世史学与文学都有深远影响。全书130篇，包括十二本纪、三十世家、十表、八书、七十列传。《廉颇蔺相如列传》、《鸿门宴》、《毛遂自荐》、《屈原列传》、《信陵君窃符救赵》等历史散文出于此书。

故事

司马迁幼年在家帮助务农，10岁时进京城长安读书，20岁开始漫游中国。在父亲司马谈去世后的第三年，司马迁继承父志，被任命为太史令，开始写作《史记》这部巨著。公元前99年，司马迁因为替兵败后投降了匈奴的汉将李陵说情，触怒了汉武帝，被处以极其残酷的腐刑。古人常说：士可杀，不可辱。司马迁生性刚烈，多少次痛不欲生，试图一死了之。可是他想到尚未完成的《史记》，又不能不忍辱负重，顽强地活下去，全身心投入繁重艰苦的写作之中。

恰好在这时候，司马迁的好友任安因为涉嫌参与了太子刘据的兵变而被捕判处死刑。任安在狱中致信司马迁，希望他站出来说句公道话，在皇帝面前营救自己。司马迁鉴于以往的沉痛教训，认为如果这样做只会适得其反，因此对任安的请求十分为难，久久没有答复，只是在得知任安就要被处决时，才给他写了回信。在信中，司马迁以无限激愤的心情，叙述自己蒙受的奇耻大辱，倾吐了久久郁积在内心的痛苦和悲愤，揭露和批判了封建统治者喜怒无常、是非不明、贤愚不分的罪过。“人固有一死，或重于泰山，或轻于鸿毛”，便是这封信中的名言。

赏析

人的生死本来就不是我们所能控制，所以在走过数十年的岁月之后，难免会面临着生命的终结。我们现在正青春，自然不用考虑生死这样的问题。但是，怎样才会让我们的生命变得有意义，怎么样才不会让我们白来世上走一遭。如果我们一生庸庸碌碌，无所作为，可能我们的生命也没有任何价值，但是如果我们能够为了他人，为了社会贡献出自己的一份力量，那我们生命的意义是重于泰山的。

人皆可以为尧舜

——战国·孟子

译文

人人都可以做尧舜。

名人简介

（见第 35 页）

故事

战国时，有一个叫曹交的人，问孟子说："人人都可以成为尧、舜那样的圣人，有这样的话吗？"

孟子回答："有的。"曹交问道："我听说文王身高一丈，汤王身高九尺，现在我也有九尺四寸多高的身体了，却只能吃饭而已。照这样我怎样才能成为尧、舜那样的圣人呢？"曹交一副发愁的样子。

孟子却很轻松地说："这有什么困难呢？也照尧、舜那样做就是了。假如有一个人，连只小鸡也提不起来，真可以说是毫无力气的人了，如果可以举起三千斤，那可以说是一个很有力气的人。但是能举起秦国的大力士乌获能举起的重量的，这也可以称得上是乌获了。人怎么因为不能胜任而忧愁呢？只是没有去做罢了。慢慢地走在长者后面的叫做"悌"，快步跑在长者前面的叫做"不悌"。慢点儿走，不与长者抢道，这是人所不能的吗？只是不那样做罢了。尧、舜之道，讲的不过是孝和悌罢了。你穿尧的衣服，说尧的话，像尧那样行事，就像尧一样了。你穿舜的衣服，说舜的话，像舜那样行事，就像舜一样了。"曹交说："我想面见邹君，向他借个住的地方，情愿留在你的门下听取教诲。”孟子说：“正确的学说和主张就像大路一样，难道不易知晓吗？只怕人不去寻求罢了。你回去探求它吧，老师多得很呢！”后来，曹交也成为一个杰出的人物。

赏析

每一个成功者都有闪光的一面，我们可以通过学习他们，来完善自己。我们也可以成为他们那样的人，只要我们也有勇气那样去做。首先我们自己得有信心。不要总是羡慕那些有才华的人，羡慕那些有德行的人，羡慕那些被成功光环笼罩的人。其实，人生不仅仅是要羡慕而已。为什么我们欣赏的人，我们做不到那样呢？其实并不是做不到，而是因为我们不敢去做，没有去做而已。只要努力，我们一样可以成为让别人崇拜的人。

人生自古谁无死，留取丹心照汗青

——南宋·文天祥

译文

自古以来谁不死，我只愿把赤胆忠心留下来，永照史册传万代。

名人简介

文天祥（1236 ～ 1283），南宋文学家。字履善，一字宋瑞，号文山。吉州庐陵（今江西吉安）人。理宗宝祐四年进士第一。诗存800余首。以临安沦亡为界，可分为前后两个时期。前期200余首，多咏物应酬之作，受江湖诗派影响较深；后期500余首，以亡国被俘之惨痛发而为诗，满腔悲愤、忠义凛然，成就辉煌。如《扬子江》、《过零丁洋》、《正气歌》等，为千古传诵。他于所遭险难及平生战友事迹，都作有诗歌，题名《指南录》，可称诗史。遗著有《文山先生全集》。

故事

文天祥18岁时，获庐陵乡校考试第一名，20岁入吉州（今江西吉安）白鹭洲书院读书，同年即中选吉州贡士，随父前往临安（今浙江杭州）应试。在殿试中，他作“御试策”切中时弊，提出改革方案，表述政治抱负，被主考官誉为“忠君爱国之心坚如铁石”，由理宗皇帝亲自定为601名进士中的状元。

1278年春末，端宗病死，陆秀夫等再拥立6岁的小皇帝，并加封文天祥为信国公。冬天，文天祥军进驻潮州阳县，欲凭山海之险屯粮招兵，寻机再起。然而，元军水陆猛进，连发猛攻。年底，文天祥在海丰北五坡岭遭元军突然袭击，兵败被俘，立即服冰片自杀未果。降元的张弘范要文天祥下跪投降，文天祥断然回答说：“我能死，不能拜！”当时，宋朝大臣张世杰、陆秀夫另立信王赵昺（bǐng）为帝。张弘范要文天祥写信劝降张世杰。文天祥严词拒绝。张弘范又命人拿来笔墨，硬逼他写信。文天祥接过笔，毫不犹豫地写了《过零丁洋》诗，“人生自古谁无死，留取丹心照汗青”，便是这首诗中的千古名言。

赏析

生命是有限的，最终每个人都会面对死亡。但是在生命终结的时候，有的人为自己树立了丰碑，让人瞻仰；有的人却留得一世骂名，遭人唾弃。很多时候，在考验一个人品格的时候，是需要我们给出一个选择。就像文天祥，在民族大义面前选择了宁死不屈，用一片赤胆的热忱来表达自己对民族的热爱之心。

而我们，也可以选择如何去面对自己的人生。只有能够坦荡无私地为人做事，这才是一个明智的选择。

山不在高，有仙则名。水不在深，有龙则灵

——唐·刘禹锡

译文

山，不在于有多高，有神仙住着就出名；水，不在于有多深，有蛟龙潜藏就显灵验。

名人简介

刘禹锡（772~842），唐文学家、哲学家。字梦得，洛阳（今属河南）人。贞元进士，又登博学宏词科。授监察御史，参加王叔文集团，反对宦官和藩镇割据势力。失败后，贬朗州司马，迁连州刺史。后以裴度为荐，任太子宾客，加检校礼部尚书。世称刘宾客。与柳宗元交谊很深，世称“刘柳”。又与白居易并称“刘白”。其诗雅健清新，善用比兴寄托手法。《竹枝词》、《杨柳枝词》和《插田歌》等组诗，富有民族特色，为唐诗中别开生面之作。有《刘梦得文集》。

故事

刘禹锡小时候才华出众，得到诗僧皎然的指点，开始学诗。他的成名较白居易、元稹都早。21 岁就在长安中进士，接着又考中博学宏词科；过了两年，应吏部考试又考中。像这样“连登三科”的情形，在当时的士人中是不多见的。他一帆风顺地登上仕途，从太子校书（官名）一直做到监察御史。

青年得志的刘禹锡很想有一番作为。王叔文改革开始后，参加改革的官员中，王叔文对刘禹锡很器重，赞扬他是宰相之才。

唐宪宗即位后，改革失败，刘禹锡因参加政治改革运动，得罪了当朝

的权贵宠臣，被贬至安徽省和州做官。当时，正是和州闹旱灾之后，他忙于调拨物资，赈济灾民，兴修水利，劝勉农耕，给人民做了一些好事。他的心情也比较平静下来。和州的县令是个见利忘义的小人，他见刘禹锡是被贬而来的，便多方刁难他。县令先叫刘禹锡在城南面江而居，后来又令衙门的书丞把刘禹锡的房子，由城南门换到城北门，住房也由三间缩小到一间半。而这一间半位于德胜河边，附近是一排排的柳树。刘禹锡见此情景，作了一联："杨柳青青江水平，人在历阳心在京。"他仍在此处读书作文。知县气得肺都快炸了，又与书丞商量，为刘禹锡在城中寻了一间只能容一床一桌一椅的小屋。时间仅仅半年，刘禹锡便连搬了三次家。他忙里偷闲，常在这简陋的书屋里休息。陋室的阶前长满绿苔，帘外是一片草地，环境十分恬静幽雅。他在那里或吟诗章，或搦（nuò）管（执笔）撰文，先后写了《历阳书事一十韵》、《望夫石》、《和州刺史万壁记》。除吟诗作文外，他或凭几阅读金经，或倚窗调弄素琴，或高朋贵友络绎临门，深得闲情三昧于陋室之中的逸趣雅兴，感到自得其乐。

这时候，刘禹锡一方面为了勉励自己，表现不同流俗的情趣；另一方面想到这狗官欺人太甚了，于是愤然提笔，挥写了这篇千古流传的《陋室铭》。"山不在高，有仙则名。水不在深，有龙则灵"，便是该文中的名言。

赏析

我们在乎的很多东西，可能都不是事物的本质价值。也许只是看到事物肤浅的那一面，我们就被它吸引了。其实真正有价值的，并不是我们所在意的那一面。就像买椟还珠里面的那个人，得到了一个漂亮的盒子，却要把贵重的珍珠还之于人。体现事物价值的东西往往不是高山，也不是深水池，而是里面所藏着的"神灵"。多关注对我们有价值和有意义的东西，我们才会成长得更快。

少年易老学难成，一寸光阴不可轻

——南宋·朱熹

译文

人生易老，学业却很难成功。因此，更应该珍惜每一寸光阴，不可轻易浪费。

名人简介

（见第 23 页）

故事

朱熹是南宋哲学家、教育家，一生努力研究学问，广泛地注解了我国的古典文献，对于经学、史学、乐律以及自然科学，都有不同程度的贡献。他博览群书，分析缜密，许多见解符合实际道理；同时，钻研学问孜孜不倦，寒来暑往从不中止。这种良好的学风，对他的弟子和后人都有很大的影响。当然，他的弟子以及所接触的青年中，也有因爱好嬉游或因懒惰而荒废学业的，每当遇到这种情况时，朱熹便用切身的经验告诫他们应该刻苦勤学，不能偷懒，免得将来老大无成。

有一次，正是秋风阵阵梧桐飘叶的时节，朱熹站在屋檐下，看着满地翻卷的枯叶，想到自己已经年老体衰，还有许多事情想做但没有来得及做，未免产生“岁月不待人”的感慨。这时，一阵青少年打闹的笑声从墙外传来，朱熹便叹息说：“年轻人太不懂得时间的可贵了！”他想到弟子中间，也有个别人在春天里老是昏昏沉沉爱打瞌睡的。他觉得，任何人做事读书，都应该有劳有逸，业余时间走走玩玩是很必要的，但是却不能在学习时也想睡觉呀……朱熹这么想着，想着，情不自禁地写了一首《劝学》诗。“少年易老学难成，一寸光阴不可轻”，便是这首诗中的名言。

赏析

青春年少的时光总是很短暂。青春就像一阵春风刮过，如果没有百花盛开，就没有花朵凋谢之后的果实。所以，我们要趁着这春天，竞相开放，绽放出青春应有的光彩。如此，我们才能够迎着阳光，去寻找我们的未来。

如果蹉跎了光阴，不及时绽放我们的青春，青春就会随着逝去的光阴枯萎了。苍苍的白发，会让我们再也找不回逝去的年华。努力地去汲取营养、阳光和雨露，才会让青春的花朵绚丽多彩。

盛名之下，其实难副

——东汉·李固

译文

有很大的名气，其实际才德很难跟他的名声相符。指名声常常可能大于实际。用来表示谦虚或自我警戒。

名人简介

李固（94~147），字子坚，汉中南郑（今属陕西）人。东汉大臣，曾历仕东汉顺帝、冲帝、质帝三朝太尉。他好读书，常不远千里，遍访名师，研究学问。以博学而闻名，上知天文，下晓地理，可谓博古通今。李固钦佩黄琼学识，在写给黄琼的信中，有“《阳春》之曲，和者必寡，盛名之下，其实难副”之句。李固言行一致，他对黄琼的要求，也正是他自己身体力行的。

故事

东汉时代的黄琼颇有才学，名望很高，但他想做个清高的隐士，不愿出来做官。永建年间，王公贵族多次推荐黄琼，朝廷下令征召后，他才很勉强地离开了家乡，但称病不进京去。当时，很多有名的人受到征召后，才发现他们的才能与名望并不相符。太傅李固一直敬慕黄琼，希望他能出来做官，以事实证明自己不是那种孤傲自恃、名不副实的人，就写了一封信去劝告黄琼。

李固在信中说：“如果先生真想以上古隐士巢父、许由等人为榜样，立志终生隐居深山幽谷，倒也罢了；如果想辅佐朝政，为民效力，现在就正是好机会。自古以来，像尧虞舜那样的圣明君主是很少见的，但并非志士仁人就没有用武之地。我曾听人说过，高傲刚直的东西容易折损，晶莹洁白的东西容易污染。像《阳春》那样高深的曲调能唱和的人必定很少，名声很大的其才能与实际未必符合。像近日一些受到征召的先生，往昔声名大盛，任职后却显不出有出色的作为，所以民间议论纷纷处士们纯粹是徒有虚名。愿先生能展示宏才大略，令众人叹服，消除民间不利于处士们的看法。”

黄琼听从了李固的建议，到了京城，立即被封为议郎；不久，显露出真才实学，升为尚书令。“盛名之下，其实难副”，便是这个故事中的名言。

赏析

真正有才华有能力的人，是不会在乎虚名的。那些名声大噪的事物，往往经不起推敲。有识之士都懂得“木秀于林，风必摧之”的道理。真正的成功不是因为名气，而是源于对目标和愿望的达成。名气只是他人眼中的看法，如果一味追逐于此，必然会分散自己的精力，难以专心追逐自己的梦想。最为香醇的花朵不是牡丹，而是那些不知名的小花，它们努力地绽放，让四季长久地芳香四溢。

识时务者，在乎俊杰

——三国·蜀·司马徽

译文

能够认清客观形势的人，只有那些俊杰之士。

名人简介

司马徽（？～208），东汉末颍川阳翟（今河南禹州）人。字德操。善知人，庞德公称为“水镜”。久居荆州，曾荐诸葛亮、庞统于刘备。他对刘备说：“儒生俗士，岂识时务？识时务者在乎俊杰。此间自有伏龙、凤雏。”伏龙乃诸葛孔明，凤雏乃庞士元。后刘琮以荆州降曹操，他为操得，旋病死。

故事

蜀汉的建立者刘备是汉景帝的儿子中山靖王刘胜的后代。他一心想复兴汉朝，建立功业，可是他手下只有张飞、关羽等几员战将，力量薄弱。他认识到要实现自己的目标，只有寻找更多的有才能的人来辅佐自己。

荆州的襄阳有个叫司马徽的人很有见识，人们都称他为“水镜”先生。他特别赞赏两位贤士，一位是人称“伏龙”的诸葛亮，一位是人称“凤雏”的庞统。他认为这两个人是当今天下了不起的俊杰。

刘备专程找到了司马徽，问他在哪里可以找到有才华的读书人来帮助他建立功业。司马徽说：“那些只钻研经书的人怎么会了解当前的形势呢？识时务者，在乎俊杰。”然后，就向刘备推荐了诸葛亮和庞统两人。

刘备牢牢记住了他们。后来又有个叫徐庶的谋士向刘备推荐诸葛亮，于是刘备决定去请诸葛亮辅佐自己。那时，诸葛亮正隐居在襄阳以西的隆中。刘备三顾茅庐，终于请出了诸葛亮。诸葛亮果然名不虚传，帮助刘备建立了蜀汉，自己也做了蜀国的丞相。

赏析

自然界有其自然规律，社会也有其社会规律。大地万物如果违背了这些规律，就会影响自身的发展，甚至面临灭绝的危险。人类也是如此，如果不能适应社会，不能顺应社会的潮流，我们就难以在社会立足，直至被社会淘汰。

社会就像原始的大森林，有其生存法则。我们不能一意孤行地与社会对抗，那样是不明智的举动。只有适应社会，充分发挥自己的才能，才是真正的俊杰之才。

世上无难事，只怕有心人 ——明·吴承恩

译文

世界上没有克服不了的困难，只怕用心去做的人。

名人简介

吴承恩（约1500～约1582），字汝忠，号射阳山人。山阳（今江苏淮安市楚州区）人。中国明代杰出的小说家，是四大名著之一《西游记》的作者。嘉靖贡生，曾任长兴县丞、荆府纪善。晚年绝意仕进，专心著述。诗文清雅流丽，有《射阳先生存稿》传世。另有小说集《禹鼎志》，已佚。

故事

我国古典小说《西游记》里有这样一个故事：孙悟空早年和菩提祖师学道，把祖师教给他的法术全都学会了。一天，祖师让孙悟空把飞升的法术施展一下，孙悟空想显示自己的本领，一连翻了几个跟斗，跳离地面五六丈高。但整整一顿饭的工夫，孙悟空从天上来回的路程还不到三里路。他落到祖师面前说："这就是腾云飞升了。"祖师笑着说："你这样只能算爬云，怎么能是腾云呢？一天之内，能把四海都游遍，那才叫腾云呢！"孙悟空听了，连连摇头说："这个实在太难了。"祖师说："世上无难事，只怕有心人。"

孙悟空听了，很有感触，立刻向祖师下拜，请求祖师将腾云的方法传授给他。祖师说："我见你刚才一连翻了几个跟斗才飞上云端，我就教给你个筋斗云吧。"孙悟空又跪拜在祖师面前，祖师就把口诀传给了他。

当天晚上孙悟空就认真修炼，从此练就了一身腾云驾雾的本领。“世上无难事，只怕有心人”从此也作为名言，流传至今。

赏析

其实，世界上并没有征服不了的山峰，有的只是难以征服的内心。如果我们连自己的内心都征服不了，又怎么能去谈征服高峰呢？世界上也并没有做不到的事情，只要我们肯努力，很多事情都可以办到。就像水滴石穿那样，看似弱小的水滴，可以穿透坚硬的石头。如果总是懈怠，不去做任何努力的话，可能我们连一个小土堆也难以跨越。先征服我们自己，那样就没有什么可以难倒我们。

世之奇伟瑰怪非常之观，常在于险远而人之所罕至焉

——北宋·王安石

译文

世界上奇异雄伟、瑰丽怪诞、不同寻常的景观，常常处在艰险遥远，人们很少能到达的地方。

名人简介

王安石（1021 ~ 1086），北宋政治家、文学家、思想家。字介甫，晚号半山。抚州临川（今属江西）人，后移居江宁（今南京）。宋

神宗熙宁二年，拜参知政事，积极推行新法。王安石为北宋诗文革新运动的中坚人物，唐宋古文八大家之一。理论上，强调文学的社会功用，主张文贵致用；同时也肯定文学的艺术特性。故其所作，多针对现实，有强烈的政治色彩。诗成就最高，今存1530余首。多指陈现实，有感而发。如《河北民》、《收盐》、《兼并》、《发廪》、《秃山》等，直抒胸臆，辞气激烈。咏史之作，如《商鞅》、《韩信》、《贾生》等，往往寓意深刻。《明妃曲》二首，立意新颖，尤负盛名。退隐后，诗歌转为描写水光山色，更注重字句的推敲锤炼，如《江上》、《泊船瓜洲》、《金陵即事》等，其雄直峭劲、壮丽超逸而又深婉不迫的独特诗风，对扫除西昆体残余，推动宋诗革新起了积极作用。但部分诗篇受韩愈影响较深，喜造硬语，押险韵，也对宋诗的发展产生了不良影响。

故事

宋仁宗至和元年（1054），朝廷派王安石到舒州（今安徽怀宁县）当通判。到任后不久的一天，王安石的几个朋友邀他到邻县的褒禅山（在今安徽省登含山县东北）去游玩。王安石的两个弟弟也一起结伴而行。

褒禅山古时候叫华山，山上有一个华山洞。华山洞是一块平旷的地方，洞边有一泓山泉；洞口很大，但很浅。洞边石壁上留下许多游人的题词，可见来这游玩的人很多。这儿是前洞，再上山五六里处还有一个后洞，据说那后洞不比前洞，十分幽深。

几个人继续探寻后洞。这里的洞口不大，却是深不可测。他们点了火把，一起往洞里走。洞里石笋林立，有的像海上的仙山，有的像树木花卉；洞顶倒垂着各种奇形怪怪的钟乳石，有的像花鸟瓜果，有的像珍禽异兽，在火光的照耀下，反射出各种瑰丽的色彩。越往里走，洞景愈奇愈美，以至悬泉飞瀑，山川湖泊，无奇不有，似乎进入了一个神异的世界。不过路也更加难走起来，迂回曲折，忽高忽低，狭窄的地方仅容一个人侧身而过。于是有人觉得倦怠起来，提议别往前走了，还说："若不出去，火把就要燃尽了。"大家就随他走出洞去。到了洞口，才觉得刚才到的地方，恐怕还不及整个洞的一半呢。回想起来，论体力其实也还可以再往前走，火把还能照明一段时间，于是又后悔没有走到洞的更深处，探寻更美的景致，感到十分遗憾。

这件事给了王安石深刻的启发：道路平坦而近便的地方，游人很多；而险峻僻远的地方，到的人就少。但是这种雄伟、奇特而又绚丽多彩的景色，大多在人迹罕至的地方，所以，没有探索的志向，没有坚毅的意志，就到不了这种不同寻常的地方。王安石从这一件事进一步想到，做事必须竭尽全力。一个人有足够的力量和条件去做某一件应该做的事，但由于懈怠而没有去做，事后会落得别人的讥笑，自己也会后悔。王安石根据自己游山的所见所感，从自己这次游山没有尽情享受到它的乐趣，联想到古人在这方面往往有所得。于是，他为了"借端说理，载道见志"，那天游完了褒禅山回来后，文如泉涌，挥笔写了《游褒禅山记》这篇游记文章，"世之奇伟瑰怪非常之观，常在于险远而人之所罕至焉"，便是该文中的名言。

赏析

美好的事物，之所以美好，原因之一是人们很难得到，才显得物以稀为贵。容易得到的东西一是不容易去珍惜，二是因为易得而显得过于平常，毫无可取之处。所以，要想得到人人求而不得的美好，我们要付出人人难以做到的努力才行。

美丽壮观的景色往往都在人烟罕至的地方，那些难所企及的成就往往都要付出透骨的汗水才能得到。没有任何美好，是可以轻易获取的。难能可贵的东西，经过了汗水和泪水的浸透，才会显得弥足珍贵。

水则载舟，亦则覆舟 ——唐·李世民

译文

水能够让船行走，但也能够让船翻倒而覆没。

名人简介

李世民（599 ~ 649），即唐太宗，是唐朝第二位皇帝。李渊次子。公元626~649年在位。隋末，随其父起兵。武德九年发动玄武门之变，得为太子。旋继帝位。在位期间，轻徭薄赋，发展科举制度，社会安定，经济复苏，旧史家誉为“贞观之治”。为后来全盛的开元盛世奠定了重要的基础，将中国传统农业社会推向鼎盛时期。

故事

唐太宗即位以后，经常和大臣们讨论隋朝灭亡的原因，从中找出教训，来巩固唐王朝的统治。唐朝刚建立时，社会还不安定。有些大臣奏请要用重法来惩治“盗贼”。唐太宗笑着说：“老百姓为什么要去做盗贼？还不是因为赋税太多、劳役太重吗？官吏们不断催逼，经常要挨饿，这就顾不上廉耻了。我们应当减轻赋税和徭役，任用廉洁的官吏，让老百姓衣食有余，他们就不会去做盗贼了，否则，重法又有什么用呢？”

有一次，唐太宗和魏徵等大臣讨论对在押犯人定罪的事。有人提到隋朝时抓了两千多个“盗贼”，炀帝命令把他们全杀了。其实这里面只有五个人的确是强盗，其余都是无辜百姓。管司法的大理丞相明明知道却不奏明。唐太宗叹息道：“皇帝无道，臣下又不谏，怎能不亡国呢？”

唐太宗到了洛阳的隋宫，对大臣们说：“炀帝征用了几十万民工造了这样豪华的宫殿，老百姓怨声载道，这也是他亡国的原因啊！”

又有一次，唐太宗对侍郎王珪（guī）说：“隋朝开皇十四年大旱，文帝又不准官府开仓救济灾民。到隋亡时，查出库里的粮食可供全国老百姓吃五十年。隋炀帝把全国的财富只供他一人奢侈享乐，老百姓怎么能受得了呢？”

唐太宗总结隋灭亡的教训，对他的儿子说：“水则载舟，亦则覆舟。老百姓好比是水，皇帝好比是船。一个皇帝，要是按正道办事，百姓就拥护他；如果不行正道，百姓就会推翻他。”“水则载舟，亦则覆舟”，便是这个故事中的名言。

赏析

我们知道很多东西能够给我们带来有利的一面，也会带来不利的一面。如何让事物朝着有利于我们的方向前进，最主要的取决于我们自身。因为对待事物的态度不同，得到的回报也大不一样。事物就像一面镜子，我们对它笑，它就会对着我们笑，如果我们对着它是一张冷脸，我们得到的回应也是满脸的冰霜。很多时候，我们不要一味地去指责外物，先要从自身找原因。这样，才能够在不断的磨炼中让自己成长。

天下兴亡，匹夫有责

——清·顾炎武

译文

国家的兴盛与衰落，每个人都有义不容辞的责任。

名人简介

顾炎武（1613 ~ 1682），明清之际思想家、学者。字宁人，江苏昆山人。少年时参加“复社”反宦官权贵斗争。及清兵南下，又参加昆山、嘉定一带的人民抗清起义。学问广博，于国家典制、郡邑掌故、天文仪象、河漕、兵农以及经史百家、音韵训诂之学，都有研究。与黄宗羲、王夫之并称清初三大儒，治经重考据，注意经世致用，反对空谈心性，开清代学术风气。著作有《日知录》、《音学五书》、《顾亭林诗文集》等。

故事

1645 年 5 月，清兵渡江，南京陷落。顾炎武家乡江苏昆山人民杀了投降清朝的知县，举兵抗清。顾炎武当时不过是一个普通的读书人，但他在这民族危亡，百姓惨遭杀掠的时候，坚决贯彻了他“天下兴亡，匹夫有责”的主张，亲自参加了抗清的队伍，还变卖了全部家产来筹措义军的钱粮。结果清人派大军把昆山重重包围，义军终因寡不敌众，兵败城陷，全城死难者四万余人。顾炎武的两个弟弟被害，生母何氏被清兵砍去右臂。继母王氏，在清兵入城后，坚持绝食十五天，以死殉难。她临终时谆谆嘱咐顾炎武，要他保持民族气节，永远不要忘记自己国亡家破的惨痛事实。顾炎武含泪记住了母亲的遗言。

此后,他在苏州一带继续参加义军的抗清战争,同时奔走各地,暗中组织抗清力量。他又曾经单身北上,往返于山东、河北、山西、陕西一带,从事抗清活动。清朝凭借强大的兵力以及一些无耻汉奸的出卖,先后镇压了各地的抗清力量。顾炎武眼看大势已去,只能隐姓埋名,潜心读书和著作。清朝在统治巩固以后,就用“软”的一手拉拢汉族士人出来做官。康熙十年,顾炎武原先熟悉的内阁大学士熊赐履劝顾炎武出来做官。顾炎武斩钉截铁地回答:“天下兴亡,匹夫有责。前朝的覆灭,你我难道没有责任?你要是逼我仕清,我只能以死相辞!”

康熙十七年,又有一些官员推荐他参加“博学鸿词”科考试,好让他做清朝的官。顾炎武立即用母亲的遗嘱予以拒绝。从此以后,顾炎武永不再进入北京,以示他决不臣事清朝的态度。顾炎武坚持“国家兴亡,匹夫有责”的信念。前半生,他为抗清复明奔走奋斗;后半生,他不怕威胁利诱,誓不与异族统治合作。他曾多次冒着生命危险,偷偷到南京去祭奠明太祖的陵墓,至死不忘故国。

顾炎武还是明末杰出的诗人、古文家,他的诗文正视现实,反映时代的动荡,洋溢着伟大的爱国主义精神,是我国文化遗产中的瑰宝。

赏析

“事不关己,高高挂起”是不少人拥有的心态,这样的心态导致了人们之间的冷漠和无情。当自己遭遇不幸和困难的时候,如果也招致一样的对待,我们岂不是也要寒心彻骨一番?对人不能冷漠,对国家大事更不能冷漠。如果没有国家,没有了民族,我们就成为一盘散沙,没有任何凝聚力,势必遭到他人的侵犯。我们对待国家的兴亡,一定要像对待自己至亲一样,去关心,去奉献,那是我们义不容辞的责任。不然,国不存焉,人岂能安然?

万事俱备，只欠东风　——三国·蜀·诸葛亮

译文

比喻一切都已具备，只差最后一个重要条件。

名人简介

（见第 55 页）

故事

三国时期，曹操吞并了荆州，打败了刘备，率八十万大军水陆俱下，打算一举消灭江南的东吴，一统天下。东吴的形势很危急，都督周瑜只率领几万人和曹操隔江对峙。于是，周瑜定下了火攻之计，打算在赤壁一带烧掉曹操的水军船只和陆上的营垒。他做好了一切准备工作。可是突然想到：曹军位于西北方，吴军却处于东南方，如果没有东风，而是西北风，那放起火来，不但烧不到敌人，反而只能烧到自己。这季节又是秋末冬初，东风很少。周瑜因此急得生病了。这时，诸葛亮来探望他，说道："我知道你的病因。"周瑜说："是什么原因呢？"诸葛亮用笔写了几个字："万事俱备，只欠东风。"周瑜立刻从床上坐起，问他怎么办？诸葛亮说："现在是所谓小阳春天气，是会有东风的。"（小说里说，诸葛亮行使法术，为周瑜借来了三天三夜东风。）果然不到两天刮起了东风，于是周瑜用火攻打败了曹操八十万大军，创造了历史上有名的"赤壁之战"以少胜多的战例。

赏析

无论是做什么事情，我们都需要提前做好准备。打无准备之战肯定要输得一败涂地。为了胜利，我们要多加分析情况，多多充实自己，为成功做好各种条件的铺垫。但是很多时候，各种条件都已经具备了，我们就应该耐心等待机会。不能因为自信过度就擅自行动，这样只会让自己的准备前功尽弃。机遇也只会光顾那些做好准备的人。精心布置好自己的"草船"，耐心等待"东风"的到来吧。

文官不爱钱，武官不惜死 ——南宋·岳飞

译文

作为文官应该不贪污，不见利忘义；作为武官应该不怕牺牲，不怕死。

名人简介

（见第63页）

故事

岳飞是南宋的民族英雄，是一个忠心报国、品行高尚的人。名将吴玠平时很敬佩岳飞，想和他交朋友，把一个有名的美女打扮好了送给岳飞。

岳飞说:“皇上尚且天不亮就穿衣起身,一直操劳到晚上才吃饭,难道是大将安逸享乐的时候吗?”推辞不受,吴玠更加敬佩他。岳飞年轻时很喜欢喝酒,高宗劝告他说:“等你打到黄河以北地区,赶走金兵后,才可以饮酒。”于是岳飞戒酒不饮了。当初高宗打算为岳飞营建住宅,岳飞谢绝说:“敌人还没有消灭,怎么能治家呢?”有人问岳飞说,天下什么时候能太平?岳飞回答说:“文官不爱钱,武官不惜死,天下就太平了。”岳飞认为,这是创造天下太平的条件之一。

赏析

昏庸的朝廷,腐败的官场造就了腐朽的社会。千古以来,很多江山社稷被一次次地葬送掉了。文官贪钱、武官怕死,是当职者违背了自己本职工作的基本道德要求。自己应该做的事情都没有办到的话,那就是不称职了。我们正当大好年华,如果不努力学习,考试还试图投机取巧,那么岂不是和前面这两者一样的性质吗?作为一个合格的学生,一个朝气蓬勃的年轻人,我们要做和自己身份相符的事情,不能背道而驰,否则就会离我们的目标越来越远。

文章合为时而著，歌诗合为事而作

——唐·白居易

译文

文章应为时代而写，诗歌应为社会而作。

名人简介

白居易（772～846），字乐天，晚号香山居士。祖籍太原（今属山西），徙居下邽（今陕西渭南）。贞元进士。元和年间任左拾遗及左赞善大夫。后得罪权贵，被贬为江州司马。在文学上积极倡导新乐府运动，主张“文章合为时而著，歌诗合为事而作”。早期作讽喻诗，如《秦中吟》、《新乐府》，除此以外，长篇叙事诗《长恨歌》、《琵琶行》也很有名。与元稹友谊甚笃，与之齐名，世称“元白”。有《白氏长庆集》。

故事

白居易早年家境贫寒，对人民的疾苦有所了解。他的诗有一大特点，就是语言通俗，相传不识字的老婆婆都能听懂。他一生创作诗歌近三千首，著名的有《卖炭翁》、《琵琶行》、《长恨歌》等，其中不少是揭露社会黑暗和反映人民疾苦的讽喻诗。

白居易曾给好友、诗人元稹写了一封信。元稹因为在兄弟中排行第九，这封信就称“与元九书”。元稹与白居易齐名，世称“元白”，他们的诗称“元和体”（元和是唐宪宗的年号）。白居易在这封信里，提出了自己的创作主张“文章合为时而著，歌诗合为事而作”，认为诗歌的作用在于“补察时政,泄导人情”。白居易创作的新乐府诗中有的反映百姓悲惨生活,有的揭露上层统治者的荒淫无耻,语言比较通俗,正是实践他的创作主张。特别是在朝廷做官,年纪渐渐增长,经历的事情越来越多后,他才深深体会到,文章、诗歌应该为了反映当前的时代和社会而写作。

赏析

文章和诗歌都是表达作者情感的东西,能反映一定时代的社会背景和社会现实。如果作一篇文,不能说出人们的心声,那无疑就是不合格。我们行文不仅是为了表达,真正的好文章是能够引起社会的共鸣。如果只是孤芳自赏的话,难以得到他人的支持和欣赏。就像我们的人生一样,不要一意孤行地去做事情,而是要走到人群中去,和人们同呼吸共命运,这样才能够真正地融入社会,融入人群,体会到社会的呼声。要时刻记住,我们是社会的一分子,没有人能够孤立地生活在这个世界上。

问渠哪得清如许,为有源头活水来

——南宋·朱熹

译文

为什么池塘水会这么清澈?因为它有活水从源头不断地流来。

名人简介

（见第 23 页）

故事

朱熹家附近有一块半亩大小的方形池塘，像镜子一样向天空打开。因为水塘明净如镜，阳光、天色和天空飘浮的云朵，都倒映在水底，在方塘里晃动徘徊。这时候，朱熹在方塘边看到这奇妙的景色，不禁明知故问，自问自答：方塘里的水为什么总是那么清澈见底呢？他想了一想，看到有活水从源头不断地流来。朱熹从塘水的不断吐故纳新，想到我们学习、做学问也是如此，只有不断地学习新知识、汲取新营养，不断地去探索、研究、解决新问题，才能不断前进，才能心明如镜，使自己保持清醒的头脑。

就这样，朱熹从方塘的源头活水得到启发，为了说明读书的深刻感受，于是挥笔写了首《观书有感》，“问渠哪得清如许，为有源头活水来”，便是这首诗中的名言。

赏析

如果是死水一潭，是没有任何鱼虾可以生存的。但如果是涓涓的溪流，因为源头不断涌出“新水”来补给，这样溪流就一直奔流不息，生机勃勃了。其实我们的学习和生活也要不断地注入生机，这样我们才会快乐地学习，快乐地生活。找到我们快乐的源泉，比如说我们无穷的求知欲，我们帮助他人的愉悦心情……只要找到了快乐和幸福的源头，我们就有了通向幸福的按钮。

我自横刀向天笑，去留肝胆两昆仑

——清·谭嗣同

译文

我毫不畏惧地面对屠刀，就义前视死如归，死和生都是光明磊落，肝胆相照，像昆仑山一样高大。

名人简介

谭嗣同（1865 ~ 1898），中国维新派政治家、思想家。字复生，号壮飞。湖南浏阳人。父继洵，官湖北巡抚。嗣同早岁，从军新疆，游刘锦棠幕府。后踪迹遍海内。甲午战争后，提倡新学。1896 年入赀为候补知府，在南京候缺，著《仁学》成稿。次年，应湖南巡抚陈宝箴召，回长沙助其行新政；1898 年 8 月被征入京，授四品卿衔军机章京，参与戊戌变法。政变起，被害，为“戊戌六君子”之一。古文雅健。其于诗，自谓初从李贺、温庭筠入手，转而为韩愈，为六朝。后从事诗界革命，尝试采西事、西语入诗。今辑有《谭嗣同全集》。

故事

1898 年（旧历戊戌年），中国历史上有名的“戊戌变法”发生了。这是一次要求改革封建制度的爱国运动。

这年 9 月，变法的代表人物谭嗣同请袁世凯率军支持变法，保护光绪皇帝。袁世凯表面答应，暗中却向慈禧太后的亲信荣禄告密，出卖变法运动。荣禄告诉了慈禧太后，慈禧下令逮捕变法的领袖康有为、梁启超、谭嗣同等人。

有人紧急向康有为等报告了危险消息，叫他们赶快离开北京。为了保存力量，康有为逃到了香港；梁启超由日本人保护，到了东京；而谭嗣同明知危险就要降临，他对劝他逃走的人说：“各国变法都经过流血斗争才成功的，中国还没有人为变法流过血，现在让我带个头，为变法而牺牲吧！”他没有逃避，不多久就被逮捕了。

谭嗣同在狱中一直惦记着其他变法志士，他希望战友们像东汉时候的忠臣张俭、杜根那样，忍受痛苦，积蓄力量，等待机会，而自己将毫不畏惧地面对屠刀，无论死亡还是活命，我们都是顶天立地的爱国者，就像巍巍的昆仑山，万古长青！谭嗣同临刑前，把自己的心愿写在监狱的墙上，这就是他的绝命诗《狱中题壁》，“我自横刀向天笑，去留肝胆两昆仑”，便是这首诗中的名句。

赏析

为了国家和民族大义，敢于英勇就义的人是值得我们敬佩的。古往今来不少有识之士心忧天下，忧国忧民。甚至为了国家和民族的利益舍生取义，死而后已。相对于那些对世界冷漠的人，这样的人是高尚的。我们现在不需要去为国献身，在这个时候就该努力学习，让自己变得强大，以后好为社会贡献一份力量。比起怨天尤人、无病呻吟，时代更需要那些添砖加瓦的实干家，而不是逃避社会现实的评论家。

吾生也有涯，而知也无涯

——战国·庄子

译文

我们的生命是有限的，而知识是无限的。

名人简介

庄子（约前369～前286），战国时哲学家。名周。宋国蒙（今河南商丘市东北）人。曾做过漆园吏。生活贫穷困顿，却鄙弃荣华富贵、权势名利，力图在乱世保持独立的人格，追求逍遥无待的精神自由。是道家学派的代表人物，老子哲学思想的继承者和发展者，先秦庄子学派的创始人。他的学说涵盖着当时社会生活的方方面面，但根本精神还是归依于老子的哲学。后世将他与老子并称为"老庄"，他们的哲学为"老庄哲学"。鉴于庄子在我国文学史和思想史上的重要贡献，封建帝王尤为重视，在唐开元二十五年庄子被诏号为"南华真人"，后人即称之为"南华真人"，《庄子》一书也被称为《南华真经》。

故事

庄子有一篇文章叫《养生主》，指出在人生有限而知识无限的现实面前，人们应该循自然之道，千万不能走极端。他说，我们的生命是有限的，而知识却是无限的。以有限的生命去追逐无限的知识，实在是徒劳而无益的事情。既然如此，还要去追求知识，就是更加不明智的了。做一般人认为是善的事情，不要存有求名之心；做一般人认为是恶的事情，不因此而遭到刑法的惩处。顺应自然之道，以此为行身的准则，就可以保护生命，可以保全本性，不会连累父母家人，能够享尽天年。“吾生也有涯，而知也无涯”，便是这个故事中的名言。

赏析

没有人能够长生不老，短短的数十年除了吃饭睡觉，可能留给我们的时间并不多。可是，年轻的我们总觉得人生的历程还只是刚刚开始，未来还长远，时间也还很多，所以总是不着急于求知。殊不知长远的时间里，我们还有很多东西还不懂，还有许多知识需要学习。人生的每个阶段都有每个阶段要学习的知识。就像一只小老虎，刚出生的时候要学怎样走路，长大以后要学会怎样捕猎，成熟以后要学会怎样哺育虎宝宝……人也一样，一直到生命的终结，我们都处于不断地学习之中。在我们有限的生命里应该抓住时间，投入到广阔的知识海洋里去。

勿以恶小而为之，勿以善小而不为

——三国·蜀·刘备

译文

不要因为是小的坏事就去做，不要因为是小的好事就不做。

名人简介

刘备(161～223)，即蜀汉昭烈帝。字玄德，涿郡涿县(今河北涿州）人，汉中山靖王刘胜的后代，三国时期蜀汉开国皇帝，公元 221 ～ 223 年在位。幼贫，与母贩鞋织席为业。

东汉末年，起兵讨伐黄巾军有功而登上汉末政治舞台，三顾茅庐后始得诸葛亮辅佐。汉建安十三年（208 年）与孙权将周瑜等大胜曹操于赤壁，占领荆州部分地区，力量逐渐壮大。旋又夺取益州和汉中。221 年称帝，都成都，国号汉，建元章武。次年在吴蜀夷陵之战中大败，不久病死。后人称刘备为先主。

故事

刘禅是三国时蜀汉皇帝刘备的儿子，被立为皇太子。

诸葛亮担任刘禅的老师，他十分重视对刘禅的教育，让刘禅学习一些法家著作和军事著作，以便为以后治理国家和行军打仗打下良好的基础。但是刘禅是个庸才，他始终没有学会如何治理国家，更不用谈打仗了。

刘备知道刘禅没有出息，很难做好蜀国的君主，便叫诸葛亮辅助刘禅管理好国家。刘备临终前给刘禅留下一道遗诏，叮嘱他要像对待父亲一样对待诸葛亮。遗诏中有这样几句名言："勿以恶小而为之，勿以善小而不为。"意思是说：不论什么事情，不能认为是小小的坏事就去做，也不能认为是小小的好事就不去做。

刘禅继位后，虽然昏庸无能，但有诸葛亮辅助，蜀国还是十分安定。诸葛亮死了以后，刘禅依旧没有学会治理国家。他早已忘了刘备在遗诏中的教诲，终日饮酒作乐，宠信奸臣。最后，蜀国被魏国所灭。

赏析

"不积跬步无以至千里，不积小流无以成江河"，任何量变积累到了一定程度都会引起质变的。所以，我们不要看不起一些小事。如果用心去做，怀着善意去做，哪怕这善意多么微不足道，积累多了，就是大善。而我们面对一些小错误，不去好好纠正，任其发展，不管不顾的话，我们人生的那张白纸上就会出现一个个小窟窿。小错如果不适时制止的话，我们会将这些小窟窿越捅越大，直至无法弥补。所以，不要小看每一件善事，也不要忽略每一个错误，这些都会积少成多。

嬉笑怒骂，皆成文章

——北宋·黄庭坚

译文

各种感情产生的不同表现，都可以写成文章。指不拘题材形式，任意发挥，皆成妙文。

名人简介

黄庭坚（1045 ~ 1105），北宋诗人、书法家。字鲁直，号涪 (fú) 翁，又号山谷道人。洪州分宁（今江西修水）人。治平进士。与张耒 (lěi)、晁 (cháo) 补之、秦观俱游苏轼门，时称“苏门四学士”，而黄庭坚于诗影响尤大，于元祐间即与苏轼并称“苏黄”。对诗歌创作有较为系统的理论主张：强调独创与个性，主张“以故为新，以俗为雅”，引其有“点铁成金”、“脱胎换骨”之论。其诗语言生新瘦硬，音节拗峭挺拔，句意曲折跌宕。还长于书法，行草兼善，楷法亦自成一家，与苏轼、米芾、蔡襄合称“宋四家”。有《山谷集》。另有诗文集《山谷精华录》。词集《山谷琴趣外篇》，又名《山谷词》。书法有《华严疏》、《松风阁诗》等传世。

故事

苏轼是北宋著名的文学家，幼年时母亲亲自为他讲解诗书，教他广读经史。他一天写数千字文章属常事。苏轼从政后被卷入政治旋涡，多次遭受贬谪。但苏轼心胸十分旷达，不畏政治恶浪；做官则每有政绩，为民造福；为文则波澜迭出，变化无穷，在散文、政论、诗词、书画上都有极高的成就。苏轼在诗词中叙述自己的酒趣，散文中聆听赤壁的笛声，无论游戏、谈笑、愤怒、斥骂，都能形成优秀的文章。因此，黄庭坚在《东坡先生真赞》中说："东坡之酒，赤壁之笛，嬉笑怒骂，皆成文章。""嬉笑怒骂，皆成文章"，便是该文中的名言。

赏析

人生百态，酸甜苦辣，皆是生活。人生中充满着各种各样的喜怒哀乐，时而的高兴，时而的忧伤，时而的焦虑，时而的欣慰，这都是生活常有的节奏和音调。如果人生中只有快乐，那么就无法体会出先苦后甜的欣慰和满足；如果只有忧伤，更体会不到生活的阳光和幸福的快乐。所以，当我们面对幸福快乐的生活时，要懂得满足和珍惜。在面对苦难的时候，我们要坚强地面对，相信风雨过后一定是晴空。

只有一种色彩的生活是不完整的，只有一种色彩的人生也是不精彩的。用彩色的铅笔绘出我们多姿多彩的人生吧。

先国家之急而后私仇

——战国·蔺相如

译文

以国家大事为重，把个人的恩怨置之于后。

名人简介

蔺相如，战国时赵国大臣，战国时期的政治家。根据《史记·廉颇蔺相如列传》所载,他生平最重要的事迹有完璧归赵、渑池之会与负荆请罪这三个。

故事

蔺相如原来是赵国的一名小官吏。当时强大的秦国讹诈赵国,想要夺取赵国的宝玉“和氏璧”。赵王派蔺相如带了璧去见秦王。蔺相如以勇气和智慧挫败了秦王,做到了“完璧归赵”。

不久,秦王又约赵王到渑(miǎn)池相会,在渑池会上,蔺相如又以他的机智和辩才,击退了秦国大臣的挑衅和污辱,维护了赵王的尊严。赵王归国后,封蔺相如为上卿,地位在大将军廉颇之上。

廉颇是赵国的勇将,曾为了捍卫边疆大破齐国军队,驰骋沙场,立下了汗马功劳。现在,他见蔺相如的地位在自己之上,很不服气。他对门下的宾客说:“老夫为赵国攻城野战,功绩是以生命相搏、流血流汗换来的,蔺相如靠动动嘴巴,如今地位竟比我还高,我怎么能受得了这个气!”廉颇扬言,见到蔺相如定要羞辱他一番。蔺相如听人传来廉颇的话,就故意避开廉颇。朝廷集会,常告病假。出门时,见廉颇的车队从对面而来,立即命令绕路避让。

蔺相如的随从对此很有意见。他们说:“您是上卿,地位最高,为什么害怕廉将军?这样到处躲避,连我们都感到羞耻,有些人都想要跟随廉将军去了。”蔺相如劝他们不要介意,他问道:

“诸位看廉将军和秦王哪个更威风?”

“当然是秦王更威风。”

“是啊,秦王那样威严可怕,相如都敢于当面和他争执,辱骂他手下的大臣,一点儿也不觉得胆怯,难道我会怕廉将军?”蔺相如坦然地说。

“那您为什么处处退让,躲避他呢?”

“请想一想，强大的秦国为什么不敢来攻打赵国？只是因为赵国有我们两人一文一武互相配合，如果两虎相斗，结果势必会一死一伤，秦国就会乘虚而入了。我所以处处退让，正是为了把国家的急难放在个人的私仇之上呀！”

宾客们听了都很佩服。这话传到廉颇耳中，廉颇顿觉无地自容，对蔺相如这“先国家之急而后私仇”的宽阔胸怀十分敬佩，就背着荆杖到蔺相如府第去请罪，承认自己气量狭隘。从此，廉蔺二人同心为国，成了好朋友。“先国家之急而后私仇”，便是这个故事中的名言。

赏析

国家是大家，个人是小家，万事都要先以国家的利益和局势为重，然后再考虑个人的利益和得失。

如果国家的利益受到损害，国家战乱纷纷，人民流离失所，民不聊生，个人也不会拥有一个良好的生存环境，个人利益更得不到实现。因此，要先以大局为重，只有在保障了国家的利益不受损害，国富安康之后，个人才会有一个良好的发展环境，才可能成就事业，铸就美好幸福的人生。

因此，万事都要先以大局为重，然后再顾及个人的利益得失。

先天下之忧而忧，后天下之乐而乐

——北宋·范仲淹

译文

在天下人忧愁之前先忧，在天下人快乐之后才快乐。体现了一种为天下人谋福利，吃苦在前，享受在后的精神。

名人简介

范仲淹(989 ～ 1052)，北宋政治家、文学家。字希文，苏州吴县（今江苏苏州）人。大中祥符进士。少时贫困力学，出仕后有敢言之名。天圣中任西溪盐官，参与重修捍海堰。庆历三年（1043）任参知政事，建议十事，主张建立严密的任官制度，注意农桑，整顿武备，推行法制，减轻徭役。因保守派反对，不能实现。工于诗词散文，所作文章富于政治内容，词传世仅五首，风格较为明健。《岳阳楼记》中“先天下之忧而忧，后天下之乐而乐”的名句，传诵千古。有《范文正公集》。

故事

范仲淹的父亲在他两岁时病故，家里很穷。母亲为了抚养范仲淹，不得已改嫁朱姓人家，将孩子改名为朱说。直到他长大后，范仲淹才知道自己的身世。27 岁那年，他考取进士任官职后，恢复本姓，改名仲淹。

公元 1040 年，西夏国主元昊入侵宋西北，边境形势告急，宋仁宗派范仲淹与韩琦同为陕西经略安抚副使，又命他兼知延州。范仲淹在延州检阅军队，选用州兵一万八千人，由六名部将分别负责，日夜练兵。遇到西夏兵侵犯，根据敌兵多少，分头防御。西夏将士听到范仲淹的防御措施，说：“小范老子（指范仲淹）腹中自有数万甲兵，延州不可轻看啊！”

在西夏战争结束后，宋仁宗召范仲淹回朝，不久就任他为参知政事（副宰相）。

当时，宋朝政治腐败，纪律松弛，官吏贪暴，百姓贫困。范仲淹执政后，提出十项改革措施，得到仁宗的采纳，他联合了一些志同道合的大臣韩琦、富弼等，逐步推行改革，这就是历史上的“庆历新政”。

庆历新政的推行，触犯了一些官僚贵族的利益，引起了他们的激烈反对。他们造谣诽谤，攻击范仲淹和他的同事结为朋党，一年后，新政被迫停止，范仲淹也被免去副宰相职务，先后被贬谪到邠州（今陕西彬县）、邓州（今河南邓州）知州。

范仲淹在邓州时，他的好友滕宗谅（字子京）也被贬谪在岳州（今湖南岳阳）。滕宗谅和范仲淹同年考取进士，在政治上也是志同道合的挚友。宋夏战争时，滕宗谅任泾州（今属甘肃）知州，曾在范仲淹统率下防御西夏兵侵犯有功，但是受到一些官僚的歧视，他们诬告滕宗谅滥用公款，经范仲淹竭力营救，才只贬谪一级，先后把滕宗谅改任虢州、岳州知州。

滕宗谅到岳州后，把政事处理得井井有条，到了第二年，重修当地名胜岳阳楼，扩充原有规模，把唐代和当代诗人的诗赋刻在上面，并写信给范仲淹，要他写篇文章来记述这件事。

范仲淹知道滕宗谅对这次贬谪心里是委屈不平的，正好乘此机会来劝勉他和表达自己的思想。于是欣然提笔写下了传世名篇《岳阳楼记》，“先天下之忧而忧，后天下之乐而乐”，便是该文中的千古名言。

赏析

有些忧愁是普天下人共同的忧愁，能够引起大家的一致感慨。但是很多人把天下之忧置于自身之外，毫不体恤他人的疾苦，只顾自己的享乐。这样的人是自私的，无疑会招致大家的唾弃。真正善良的人都会心怀天下，关心他人，帮助他人，对于那些弱者充满爱心。他们懂得和人分担苦痛，而在他人获得快乐的时候，他们也会无私地为其喝彩和鼓掌。这些，也是我们应该做到的。

刑天舞干戚，猛志固常在 ——东晋·陶渊明

译文

刑天被天帝砍下头后仍然舞着盾斧，刚毅的斗志始终存在。

名人简介

（见第 42 页）

故事

陶渊明辞官归田几年后，社会的动乱越发剧烈，水灾、旱灾、虫灾不断发生。公元 408 年 6 月，一场大火把他的八九间草屋烧成灰烬。他的家庭负担也加重了，胞妹和堂弟死后，他们的子女都由他抚养。这样，生活更加困苦，夏天常常挨饿，寒冬时节没有被子来度过漫漫长夜。

这个时候，他的诗名越来越响亮。他55岁那年，新任江州刺史王弘仰慕他的大名，想来结交，他却说自己有病，不予理睬。王弘只好偷偷派人打听他的行踪。有一次，王弘知道他要上庐山，就派一个熟人先在半路上拉住他喝酒。喝了些时候，王弘来了，假说是偶然遇见，坐下一同喝酒，这时陶渊明倒难以拒绝，才算互相认识了。

尽管如此，他没有改变自己的志向。为了表明自己的心迹，他写了首《读〈山海经〉》诗，“刑天舞干戚，猛志固常在”，便是这首诗中的名言。

赏析

江山易改，本性难移。一个人的内心就像是恒久不变的钻石一样，很难摧毁，尽管他的身体已经不复存在，但是他的内心他的壮志，他的品行和素养，都会深深烙在人们的心中，经久不衰。

每个人都应该有自己做事情的原则，无论你遇到什么样的事，什么样的打击都不能改变自己的原则，这才是真正的人格魅力所在。那些坚定的信念和意志，不会因为环境的变化而改变。如果因为外界的环境就改变自己的做事态度，那将会失去个人的原则。

休言女子非英物，夜夜龙泉壁上鸣

——清·秋瑾

译文

不要说女子中就没有英雄人物，我每日每夜都听到剑在墙上发出的声音。

名人简介

秋瑾（1875～1907），中国民主革命烈士。字璿（xuán）卿，号竞雄，别署鉴湖女侠。浙江山阴（今绍兴）人。1904年留学日本，并参加留学生爱国活动，次年先后加入光复会和同盟会。后联络反清志士，与徐锡麟谋武装起义，事败被捕遇害。其诗词文，慷慨激越，充满英雄主义与理想主义情调，一扫旧诗坛拟古习气，独树一帜。今人辑有《秋瑾集》。

故事

1904年，东海上波涛汹涌，浪花不停地冲击着甲板，秋瑾冲破封建家庭的樊笼，东渡日本留学。她不是去学医学文，而是要通过留学了解世界情况，寻找救国真理，学习救国方法。此刻，她站在船头上默默祷念着："灾难沉重的祖国啊，我要用汗水和热血灌溉你，一定要使你恢复青春！"

她到日本后，结识了中国留学生中的一些有志青年，积极参加留日学生的革命活动。一年后她回国，会见了徐锡麟，两人对推翻清王朝的看法完全一致，谈得十分投机。徐锡麟介绍她参加了光复会。1905年冬天，秋瑾又到日本，考入青山女子实践学校，一面学习，一面从事革命活动。这时，孙中山来到日本，把兴中会、华兴会、光复会三个革命团体合并为同盟会，秋瑾被选为同盟会浙江分会的会长。

在不断的实际锻炼中，她努力摆脱妇女的柔弱气质，变得越来越坚强。她买来一把锋利的倭刀佩带在身上，并且经常练习使刀开枪的本领，准备为国出力。同时，她在日本各地奔走，联络志士，发表演说鼓吹革命。为了表达自己的决心，她挥笔写了一首《鹧鸪天》词，"休言女子非英物，夜夜龙泉壁上鸣"，便是这词中的名句。

赏析

在封建社会，中国的封建制度是极度重男轻女的。但是到了现代社会，男女都提倡平等了。如在奥运赛场的健儿，巾帼不让须眉。作为女孩当自强自信，不要总是把自己当做弱者。真正的弱者，是那些内心脆弱不堪的人。从花木兰到穆桂英，哪个不是胜过万千男儿的巾帼英雄。女子既能拿起针线做精细的活计，又能拿起纸笔挥斥方遒，还能奋勇拼搏在赛场上。作为女孩，要坚强、自信和自立。

学而不厌，诲人不倦

——春秋·孔子

译文

学习永不满足，耐心地教导别人而不倦怠。

名人简介

孔子（前551～前479），春秋末期思想家、政治家、教育家。儒家的创始者。名丘，字仲尼。鲁国陬邑（今山东曲阜东南）人。先世是宋国贵族。少“贫且贱”，及长，做过“委吏”（司会计）和“乘田”（管畜牧）等事。学无常师，相传曾问礼于老聃，学乐于苌弘，学琴于师襄。周游各国前后达13年。晚年致力教育，整理《诗》、《书》等古代文献。相传孔子弟子有三千人，其中著名的有70余人。其思想以“仁”为核心。自汉以后，孔子学说成为两千余年传统文化的主流，封建统治者一直把他奉为圣人。现存《论语》一书，是研究孔子学说的主要资料。

故事

孔子治学，美名远扬。每走到一处，都有好多人前来拜访，共同谈经论道。一日，又有几位好友聚在一起，其中一位请教孔子：“先生，我周围的人都很仰慕您的人品学问，也很想知道您是怎样治学的，有没有什么秘诀可以传授给人呢？”

孔子笑道：“就算有吧。事实上，我这个人的特点就是喜爱古代文化，笃信古圣遗教，一心一意想从历史文化中寻找王道脉络。”

朋友又请教：“您在学术上的贡献也是众人皆知的，能不能总结一下您的治学精神呢？”

孔子答道：“说到治学，我当然是求学不倦的。更主要的是能把所学过的东西默诵至熟，牢记于心。然后，又用自己所学的知识来传播文化，广颂王道，辅导弟子而广育英才。”

朋友颇受感染，插话道：“是啊，先生您在教学上那更是独树一帜了。能不能总结一下您教书育人的经验呢？”

孔子说：“经验嘛，也谈不上，我无非是勤于教导学生，学习永不满足，耐心地教导别人而不倦怠罢了。”

赏析

学习一定要有强烈的求知欲，才能够学得好。学海无涯，我们不能轻易满足于现状，那样就只会止步不前。只有永不满足，才能学习到更多的知识。就像越干涸的稻田，越渴望吸收雨露，当知识的甘露降临，它们肯定能够更好地吸收。我们自己也不要吝啬自己的知识，要学会和同学、朋友互相交流切磋。如果遇到他人不明白的知识，也要耐心地讲解，不要流露出厌倦的情绪。要知道，想要提高球技的人，想要增加棋力的人，需要找到一个强劲的对手。这样，才能互相提高，互助互进。

燕雀安知鸿鹄之志 ——秦·陈胜

译文

燕雀怎么知道鸿鹄的志向呢！比喻平凡的人哪里知道英雄人物的志向！

名人简介

陈胜（？～前208）秦末农民起义领袖。字涉，阳城（今河南登封东南）人。雇农出身。秦末赋役繁重，刑政苛暴。秦二世元年被征屯戍渔阳（今北京密云西南），同吴广在蕲县大泽乡发动同行戍卒九百人起义。后迅速发展到数万人，并在陈县（今河南淮阳）建立张楚政权，被推为王。《史记·陈涉世家》对他的事迹有所记载。

故事

秦始皇以专制暴虐的手段统治天下。他死后，儿子胡亥接位为秦二世，在暴虐之外还增加了昏庸。百姓汹汹欲变，局势十分混乱。

这时，阳城地方有个人名叫陈胜，字涉，是个穷苦人。年轻时，为了糊口，做过帮人家种田的雇工，每天从日出到日落，辛苦地在别人田里劳作，挣的钱只够填饱肚子。

有一天，陈胜和好几个同伴，耕田到太阳当顶，累得浑身是汗。看看主人不在近旁，大伙儿就歇下来，坐在田埂上擦擦汗、喘口气。陈胜想想自己，身强力壮，头脑不笨，哪一点不比那些有钱有势的人差，却困在这里受苦，不知道何年何月才能出头。看看坐在左右的同伴，情形也跟自己差不多。他又难受又愤恨地对大家说：

“喂,弟兄们,假如有朝一日出头了,富贵了,可不要忘记今天的穷兄弟啊!”

那几位雇工都笑起来了,七嘴八舌地说:“你是个给人家种田的穷苦力,怎么可能富贵呢?”

陈胜站起身来,叹了一口气,摇头自语了一句:“燕雀安知鸿鹄之志哉!”就自顾下田去了。

过了些时候,秦朝征发穷人到渔阳去当兵,编成九百人的队伍,停驻在大泽乡(今安徽省宿县东南),陈胜也在其内。陈胜在队伍中结识了一个人,名叫吴广。两个人都是队里的小头目,都对自己的处境强烈不满。

在大泽乡,恰好逢上连日大雨,道路不通。大家计算行军的日子,估计抵达渔阳时已经超过了规定的日期。按秦朝的法律,过期是要杀头的。陈胜、吴广就商定,想办法鼓动大家起义造反。他们就杀了带头的将尉,攻下好几个县城,举兵反秦。后来,陈胜招兵买马,接纳文士,打了好几个胜仗,声势大振,就立国号为“张楚”,自封为王。以前和陈胜一起种田的雇工听说陈胜封了王,想起他说过的话,感慨地说:“陈胜讲得不错,他果然是天鹅,飞得多高多远啊!而我们却只是可怜的燕雀罢了。”

陈胜的农民起义虽然最终还是失败了,但这次农民起义,动摇了秦王朝的统治。几年后,秦朝就被推翻了。

赏析

每个人都有自己的理想和目标,在实现目标的路途中,一定要坚持自己的信念,不要被他人的思想左右了自己的想法。每个人所处的位置和角度都不一样,所以每个人的思想和看法也会各不相同,不要用自己的想法去衡量别人的行为。在面对别人的讥讽和不理解时,也要泰然处之,而不要受其影响而悲观放弃自己的信念。

只要胸有大志，不怕吃苦不怕艰难，坦然面对别人的眼光，终有一天你会历尽磨难到达成功的巅峰。

咬定青山不放松，立根原在破岩中

——清·郑燮(xiè)

译文

把青山紧紧咬住丝毫也不放松，根深深地扎在岩石的缝隙之中。

名人简介

郑燮(1693～1765)，清书画家、文学家。字克柔，号板桥。江苏兴化人。乾隆元年进士，曾官山东范县、潍县知县，因得罪豪绅而罢官。在官前后，皆居扬州，卖画为生，画以写兰竹著称。工书法，自称"六分半书"，为"扬州八怪"之一。其诗词作品能反映其不满黑暗现实、同情人民疾苦的思想感情和反抗压制、心胸磊落的情操。抒情写意，痛快淋漓。所作《家书》、《道情》脍炙人口。著有《板桥全集》。

故事

郑板桥，名燮，号板桥。清代书画家，文学家。江苏兴化人。早年家贫。应科举为康熙秀才，雍正举人，乾隆进士。郑板桥在山东潍县当知县的乾隆十一、十二年间，山东大灾，潍县饿死了许多老百姓。当时，他用“以工代赈”的方法，招集灾民修筑城池，责成当地富家大户拿出粮食来，开设粥厂，轮流进行救荒。同时，他全部查封了投机商人囤积的粮食，限令他们平价卖给老百姓。

但是，灾荒越来越严重，甚至发生了人吃人的惨象。这时，郑板桥决定用官仓里的粮食来救济灾民。有人提醒他，开官仓救荒必须先向上级呈报请示，郑板桥回答道：“现在是什么时候？等到辗转申报再批示下来，老百姓早就一个不剩了！如果上级怪罪下来，责任由我来负！”

这样，救活了成千上万的灾民。然而，由于郑板桥做官一向爱护平民百姓，遭到了土豪劣绅的极大不满，他们便乘机诬告他借救灾贪污舞弊。他非常气愤，觉得那些小人的手段十分卑劣无耻，认为自己廉洁奉公的节操是不怕任何造谣污蔑的。为此，他通过赞美岩石和竹子的坚定与顽强，为了表达自己刚劲有骨气的坚定情操，于是写了一首《竹石》诗，“咬定青山不放松，立根原在破岩中”，便是这首诗中的名句。

赏析

成功并非难事，走向成功的路也有很多条，每个成功者不变的是具备着同样的决心和毅力。毅力能够决定人们在遇到困难、失败、诱惑时的态度，是顺利渡过难关还是被困难吓倒，都是与毅力有着至关重要的关系。

只要下定决心，坚持不懈，无论遇到什么艰难险阻都不要放弃自己心中的信念，才能成为最后的强者。如果遇到一点阻碍自己发展的人或事的时候，就动摇自己的信念，是不能成就大事的。

业精于勤，荒于嬉；行成于思，毁于随

——唐·韩愈

译文

学业的精通在于勤奋，荒废在于贪玩；事业的成功在于思索，失败在于因循、堕落。

名人简介

韩愈（768~824），唐代文学家、哲学家。字退之，河阳（今河南孟州南）人。祖籍昌黎，也称韩昌黎。父母早逝，由哥哥韩会抚育，刻苦自学。贞元进士。官至吏部侍郎。卒谥文，世称韩文公。他究心古训，潜研经史百家，开始萌发了发扬儒道，倡导古人的思想。贞元十九年写了名作《师说》，系统提出师道的理论。力反六朝以来的骈偶文风，提倡散体，与当时的柳宗元并称“韩柳”，同为中唐古文运动倡导者，被列入“唐宋八大家”之首。诗与孟郊齐名，并称“韩孟”。有《昌黎先生集》。

故事

韩愈是唐朝著名文学家。他对待生活十分认真，终年勤奋地工作和学习，从不游怠荒嬉，浪费光阴；对古人的学术和当代的政事都深思熟虑以求得正确的认识，从不人云亦云，随波逐流。尽管韩愈的文气很高，他担任的都不过是一些中级官职，在他任监察御史时，皇帝笃信佛教，把传说佛的一节手指骨迎进皇宫，为此兴师动众，花费大量金钱。韩愈直言上奏劝阻，得罪了皇帝，被贬斥到潮州去做刺史，隔了很多年才受赦回京，担任国子监博士。

国子监，就是当时的国立大学，博士是负责教育国子监学生的老师。韩愈上任后，认真地教育他的学生。一天，他以自己的切身体会来启发学生们说："年轻人啊！学业的精深，决定于勤奋，游荡懈怠就会荒废；事业的成功，决定于动脑筋思考，不分是非曲直就会失败。这是我亲身积累的经验教训，叫做'业精于勤，荒于嬉；行成于思，毁于随'。"

学生们听了，交头接耳咕哝了一会儿，有人提出质问了，说："老师，据我们所知，您在学业上的修养可算得上是精深了，您谏迎佛骨是经过反复思考的，但结果怎样呢？学问好，朝廷并没有重用您；谏迎佛骨，反而被贬斥到南方边远地区去了。如今您做国子监博士，是个清苦的差使，连妻子儿女都不能过上富裕日子。那么，'业精于勤'、'行成于思'，又有什么意思呢？"

韩愈听了，严肃地回答："你们错了！做人难道就是为了升官发财？读书、工作难道就是为了使妻子儿女过富裕的生活？古代的司马迁是个学业精深的人，他受了酷刑，仍然坚持完成《史记》这部著作。屈原是个在事业上善于思考的爱国者，他被流放直到自沉汨罗江，还是关心祖国的兴亡。他们身处逆境，从不放弃勤学，放弃事业，不正是我们学习的楷模吗？"

学生们受到韩愈这样诚挚的教育，一个个端正了学习和做人的态度。有的人还把"业精于勤，荒于嬉；行成于思，毁于随"这两句名言写出来挂在屋子里，随时激励着自己。

赏析

勤能补拙，一分辛劳一分收获，只有勤奋才能取得成功。如果一个人天生有聪明的才智，可后天不注意培养，不勤奋，不学习，那他终究不会成功。我们更应该保持勤奋刻苦的学习态度，遇到困难不懒惰，不气馁，不退缩，要不断地努力，坚持不懈战胜困难，才会取得最后的成功。

以人为镜，可以知得失 ——唐·李世民

译文

将人看作一面镜子，可以知道自己行为的得失。

名人简介

（见第 90 页）

故事

公元 643 年，魏徵去世，唐太宗很是悲痛。他说：“以铜为鉴，可正衣冠；以古为鉴，可知兴替；以人为鉴，可以知得失。魏徵的去世，对于我来说，真是失去了一面镜子啊！”

魏徵在世时看到唐太宗处理事情有什么不当的地方，总是毫无顾虑地向他指出，从不考虑得罪了皇帝会给自己招来什么祸害。

公元 626 年，唐太宗派人征兵。大臣奏请：男子虽不满 18 岁，但如果长得高大，也应被征召入伍。太宗同意了。魏徵却扣留了诏书，不肯签署下发。太宗一连催问四次，魏徵还是不同意。太宗发怒了，把魏徵召来，

训斥他说："你为什么这样固执，扣住诏书不发？要知道那些长得高大的男子，说是不到18岁，实际上是隐瞒年龄，逃避征兵啊！"

魏徵回答说："陛下常说自己要以'诚信治天下'，可你即位以后，失信的事情已经有好几次了！"太宗愕然地问："我有什么事情失信？"

魏徵说："陛下即位时曾经下诏：拖欠官府钱粮的，一概免除，可官吏们照样催收，这不是失信吗？陛下又曾明令规定，关中百姓免收租赋两年，关外百姓免除劳役一年，如今仍旧交了租赋或服了劳役，还要被征当兵，这不是失信吗？陛下既说要'以诚待人'，可无缘无故怀疑百姓隐瞒年龄，这也叫做'诚信'吗？"

唐太宗被问得哑口无言。他想了一会儿，诚恳地说："这的确是我的过错！"于是重新下诏免征不到18岁的男子，同时赐给魏徵一个金瓮，奖励他直言敢谏。唐太宗把魏徵的批评作为发现自己缺点的镜子，一个封建专制的皇帝能做到这样是很不容易的。"以人为镜，可以知得失"，便是这个故事中的名言。

赏析

很多人只能看到片面的自己，有时候只能看到自己的长处，有时候却只能看到自己的短处，总是不能全面地认识自己。我们可以从别人身上看到最真实的我们，他人对我们的态度，对我们的言行，都是我们在"镜子"中的反射而已。生活在社会这个大家庭里，很多人可以当做我们的镜子，通过这面镜子，我们知得失，从而正确认识自己，并且规范我们的言行举止，提高自身的修养。

一年之计，莫如树谷；十年之计，莫如树木；终身之计，莫如树人

——春秋·管仲

译文

想在一年内获得利益的，不如种植粮食；想在十年内获得成果的，不如种植树木；想终身获取利益的，不如培育人才。

名人简介

管仲（？～前645），春秋时期著名政治人物。颍上（今安徽颍上）人，名夷吾，字仲，谥曰敬，故又称敬仲，史称管子。周穆王的后代，管仲少时丧父，老母在堂，生活贫苦，不得不过早地挑起家庭重担，为维持生计，与鲍叔牙合伙经商后从军，到齐国，几经曲折。经鲍叔牙力荐，为齐国上卿（丞相），被称为“春秋第一相”，辅佐齐桓公成为春秋时期的第一霸主，所以又说“管夷吾举于士”。管仲的著作，收入《国语·齐语》和《汉书·艺文志》。《汉书·艺文志》道家著录有《管子》八十六篇，今存七十六篇，为后人依托之作。内容极丰富，包含道、名、法等家的思想以及天文、舆地、经济和农业等方面的知识，其中《轻重》等篇，是古代典籍中不多见的经济文作，对生产、分配、交易、消费、财政等均有论述，是研究我国先秦农业和经济的珍贵资料。

故事

管仲是春秋时期一位著名的政治家。年轻时他家里很穷，和朋友鲍叔牙一同做生意。鲍叔牙总是多分给管仲一些钱财，而且在人前总是掩饰管仲的缺点，替他辩护，因为他知道管仲是一个难得的人才。管仲非常

感动，说：“生我者父母，知我者叔牙也！”两人成了生死之交。

后来两人分别做了齐国国君齐襄公两个弟弟公子纠和公子小白的老师。齐襄公十分残暴昏庸，朝政混乱。管仲和鲍叔牙知道很快就会暴发祸乱。于是，鲍叔牙就随公子小白去了莒国，管仲陪公子纠去了鲁国。不久，齐襄公被大臣们杀了。这时，公子小白和公子纠都想回到齐国做国君，公子小白在莒国和卫国的支持下，抢先回国，做上了国君，成了齐桓公。公子纠在鲁国的支持下回国抢夺国君之位。双方发生了激战，齐桓公取得了胜利。管仲掩护公子纠撤退。齐桓公拼命追赶。眼看就要追上了，管仲突然举弓射箭，正中齐桓公腰带上，救了他的命，管仲和公子纠逃到鲁国。

齐国打败了鲁国，鲍叔牙代表齐桓公到鲁国强令杀死公子纠，交出管仲。回国后，鲍叔牙马上向齐桓公推荐管仲：“管仲原是公子纠的人，那时各为其主，不该责怪他。如果您想要富国强兵，建立霸业，就应该重用管仲。”在鲍叔牙的极力推荐和劝说下，齐桓公封管仲为相，鲍叔牙当管仲的副手。

齐桓公一直对鲁国不满，准备发兵攻打鲁国，管仲认为齐国尚未安定，不应马上攻打鲁国。齐桓公不听，派大军攻打鲁国。长勺一战，齐军大败，齐桓公很后悔没听管仲的话。从此，他完全信任了管仲，放手让他治理国家。有人来找齐桓公商量国家大事，齐桓公就说：“为什么不去找管仲呢？”管仲见齐桓公这样信任自己，更加努力了。他实行一系列的改革，把齐国分成工商乡和士乡。工商乡专门从事商业，免除兵役；士乡就是农乡，农民平时耕种，战时当兵打仗。管仲还依照齐国的自然条件订立了许多适合的政策，几年工夫，齐国就变得国富民强了。终于成为春秋时期的第一霸主。

管仲的思想后来被他写入《管子》一书，书中有一段这样写道：“希望一年收获的，就种谷子；希望十年收获的，就种树；希望获得百年的收获，就培养人才。我们如果培养了人才，就如同有神相助一样，这是称霸天下的必由之路。”

赏析

生活是多姿多彩的，而生活中最重要的角色就是人，只有人的主观意识和能动性，才使生活如此丰富多彩，才让生活变得如此美好。那些具有真知灼见的人是我们生活中最重要的财富。他们使社会的价值，人生的意义完美地体现出来。对一个社会来讲，培养人才是制造机会，创造财富的源泉，是社会利益的根本意义所在，也是可持续发展的后备力量。因为任何大事业和大目标的实现都离不开人才的力量。对于我们个人来讲，要努力具备科学文化知识，让自己成为一名知识完备的公民，积极投身于自我价值和社会价值实现的实践过程中。

一失足成千古恨，再回头是百年身

——明·唐寅

译文

一次行路时失脚跌倒，就会造成千古的遗恨，想再回头已没有机会了。比喻一旦犯下严重错误或堕落，就成为终身的憾事。

名人简介

唐寅（1470～1523），明代画家、文学家。字伯虎，一字子畏，号六如居士、桃花庵主等，吴县（今江苏苏州）人。年二十九中乡试第一，会试时因牵涉科场舞弊案而被革黜。后游名山大川，致力绘画，卖画为生。诗文擅名，与祝允明、文徵明、徐祯卿并称“吴中四才子”，画名更著，与沈周、文徵明、仇英并称“明四家”。有《六如居士全集》。

故事

明代文人画家唐伯虎是我国家喻户晓的才子。

唐伯虎从小聪明好学，二十九岁时参加乡试，得了第一名，成了江南年轻的“解元”。但是，好运不常，第二年，他进京考进士时，被朋友牵扯到考试舞弊的案子里去，入狱受审查。结果虽然查无实证，却也取消了他的考试资格。经过这一个打击，唐伯虎从此看透了官场的黑暗和考试制度的不公。他再不愿追求功名富贵了，回到家乡苏州，研究佛经，画画作诗，造一座小小的园林，取名“桃花坞”，靠卖画为生。

唐伯虎虽然躲在桃花坞里过着隐居生活，但他的画名气太高了，他所作的讽刺世态丑恶的诗篇，也常常被人到处传诵，所以名气越来越大，一些高官贵族也希望和他结交。

一天，封在江西的宁王特地派了两名官员，带着三千两纹银来聘请唐伯虎去为王妃画像，礼节很隆重。唐伯虎难以推辞，只得随着到江西去。宁王对唐伯虎十分优待，亲自宴请他，并告诉他，为王妃画好像后，准备以最高的待遇把唐伯虎留在宁王府，担任王府要职。

唐伯虎在宁王府给王妃画了几天像，也同王府的一些文人学士接触交谈多次。他吃惊地发现，那宁王居心邪恶，正在积极准备谋王篡位，发兵夺取京城。唐伯虎虽然对现存的政权和社会不满，但更不愿做叛逆者的爪牙。他深深感到，年轻时参加考试想做官是一次失足，进京后受朋友之累差一点牵入舞弊案是又一次失足。如果这次再被卷入宁王的叛逆行动中去，这更大的失足就会造成千古恨事了。于是，他立刻装作犯了疯病，茶饭不进，还在即将完稿的王妃画像脸上画了两撇胡子。他成天哭哭笑笑说些毫无意义的话，在满地尿屎中睡觉。骗得宁王信以为真，只得把他送回了苏州。唐伯虎走后，人们从他的床底下发现了他写的两句名言“一失足成千古恨，再回头是百年身”，分明是告诫宁王手下的文人学士，不要失足附逆造成千古恨事，到那时再想回头，一生已过，来不及了。

赏析

人生不是一帆风顺的，都会遇到大大小小的挫折困境；而人也非圣贤，孰能无过，每个人都会在大大小小的事情上犯错误。

但是，有些错误是可以避免的，有些错误是无意中犯下的。在面对那些小事情小错误的时候，犯错后，要诚恳面对，并悉心改正，接受教训不再犯同样的错误。而有些大事情，在关键问题上的错误，就要尽可能避免，尽量不要犯下关键性的错误。因为有些错误，犯下以后，也许再没有机会改正，那时只会让自己永远后悔。

英雄无用武之地 ——三国·蜀·诸葛亮

译文

指英雄没有施展本领的地方。

名人简介

（见第 55 页）

故事

东汉末年，曹操初步统一北方后，于建安十三年率兵二十余万（号称八十万），从江陵顺着长江南下。此时刘备失去了根据地，兵微将少，只有设法与孙权联合起来，才能与曹军抗衡。诸葛亮主动对刘备说："现在事态严重，请您让我去向孙将军说明利害关系。"

诸葛亮在柴桑见到了孙权，对他说："当今天下局势大乱，孙将军您起兵江东，刘豫州（刘备曾任豫州牧）则在江南收服了人心，与曹操共同争夺天下。现在曹操已将北方基本平定，又破了荆州，威震四海，锋芒毕露。刘豫州虽然称得上是个英雄，但没有用武的地方，只好东奔西跑。希望将军冷静分析形势，客观估计自己的力量，慎重选择对策。如果能以江东为根据地与曹操抗衡，就应早早与曹操一刀两断；如果办不到，就不如放下武器向他投降。现在事情已到了紧急关头，将军若再犹豫不决，大祸就将临头了！"

孙权听从了诸葛亮的劝告，与刘备结成军事联盟，组建了五万抗曹联军，在赤壁与曹军恶战一场，大获全胜。这就是历史上以弱胜强的著名战例——赤壁之战。此后，孙权、刘备的势力得到巩固，逐步形成曹、刘、孙（即魏、蜀、吴）三方鼎立局面。"英雄无用武之地"，便是这个故事中的名言。

赏析

每个人都有自己的优势和劣势，长处和短处。做事情要善于发挥自己的优势，同时改善自己的劣势，找到一个适合自己发展的平台和位置，这样才能更好地发挥出自己最好的潜质。

如果处于不适合的位置和环境，即使能力很高，也不容易发挥出来，这样的情况，不仅仅是埋没了人才，还会使人丧失信心。在合适的环境中更能促进自身能力的提升和发展，这样才能事半功倍。

有志者，事竟成 ——东汉·刘秀

译文

立志去做事的人，事情终究会成功。

名人简介

刘秀（前 5 ~ 57），东汉王朝的建立者，即汉光武帝。字文叔，南阳蔡阳（今湖北枣阳西南）人。汉高祖九世孙。公元 25~57 年在位。新朝末年，天下大乱。刘秀与兄乘势起兵，在昆阳之战中大破新莽 42 万大军，新莽政权立时崩塌。公元 25 年，刘秀与绿林军公开决裂，在河北鄗城的千秋亭登基称帝，刘秀所建立的这个新的王朝仍然沿用了其祖先刘邦的国号“汉”，故史称刘秀所建立的汉朝为“后汉”或东汉。称帝之后，又经过了长达十二年之久的统一战争，刘秀终于削平各个割据势力，统一了中国。在位期间，光武帝偃武修文，实施度田，释放奴婢，东汉历经光武、明帝、章帝三代的励精图治，国势达到了顶峰，后世称之为“光武明章之治”。

故事

东汉开国之主光武帝刘秀，在历史上以善于发掘人才，使用人才著称。在西汉末年推翻王莽、扫平天下的战争中，他手下有几十名战将，大都是平民、下级军吏出身，后来各自为他建立了不朽的功勋，开创了东汉基业。

其中有个将军，名叫耿弇（yǎn），经常随侍光武帝。有一阵，耿弇发现皇帝闷闷不乐，似乎有什么心事，便伺机询问。光武帝说："朕虽已登帝位，但各地还有好多握有重兵的割据势力，不听朝廷号令，日久必反。"

"陛下既有疑虑，又改变不了他们，何不下决心讨伐呢？"

"唉，朕有此心，却不知将军们谁有此志；何况他们都率兵镇守在外，难离职守。"

"臣倒有志于为陛下平定这些人，但不知陛下认为臣有没有那样的才能，是不是会成功。"

光武帝大喜，说："将军你愿意承担此责任就太好了。朕以为，才能不成问题，只要你有这样的决心。有志者事竟成嘛！"

于是，光武帝封耿弇为建威大将军，命他去挑选兵马，制订作战计划，准备出征。过了几天，光武帝批准了耿弇的计划，先伐在河北的彭宠、张丰，最后平定割据东莱的张步。

耿弇的父亲耿况也是个将军，此刻正驻守在彭宠的相邻地区。耿弇率兵三万向河北进军。中途，忽然接到他父亲耿况的来信。耿弇立刻警惕起来。他想，彭宠目前反状还没有暴露，父亲和他两相邻，势必有些往来。此刻由他耿弇率军前往，在别人看来，似乎有三个军相约会合的嫌疑。他立即下令停止前进，飞马奏报光武帝，要求更换统帅，让自己回京。

光武帝接读奏报，猜到了耿弇的心思，下诏道："计划已定，碍难更改。有志者事竟成，应该加强信心，君臣一致。"耿弇奉诏后很感动，就继续北进，经过反复较量，扫平了彭宠、张丰的割据势力，接着又挥师东向，粉碎了张步的顽抗，完成了原定的军事计划。光武帝接获捷报后，亲临前线来慰劳三军将士，并亲手书写了“有志者，事竟成”六个大字赐给耿弇。“有志者，事竟成”便是这个故事中的名言。

赏析

意志是成才和成事的内在动力，意志是一种无坚不摧的力量，当你坚信自己能成功时，你必能成功。成功的奖赏永远置于路的终点，而不是起点，只要你认准这条路，尽管你不知道要多久才能到达目标，尽管路上有很多困难险阻，但是，只要你有信念，有坚定的意志，那么成功就不会离你太远，你终会到达。

在走向成功的路上，有坚定的意志在心中，把每一个困难都当做迈向目标的阶梯，勇敢地迎接暴风雨的挑战，终有一天会成功。

欲把西湖比西子，淡妆浓抹总相宜

——北宋·苏轼

译文

如果把西湖比做美女西施，无论是淡雅的或浓艳的装扮总是合适的。

名人简介

苏轼（1037～1101），北宋文学家、书画家。字子瞻，号东坡居士。眉州眉山（今属四川）人。与父苏洵、弟苏辙，合称“三苏”。其文学创作成就极高，文诗词俱为一代大家。散文为后人所称“唐宋八大家”之一。诗清新豪健，善用夸张比喻，在艺术表现方面独具风格，与黄庭坚并称“苏黄”。词开豪放一派，《念奴桥·赤壁怀古》、《水调歌头·丙辰中秋》传诵甚广。与辛弃疾并称“苏辛”。擅长行书、楷书，与蔡襄、黄庭坚、米芾并称“宋四家”。词集有《东坡乐府》。存世书迹有《答谢民师论文帖》、《前赤壁赋》，画迹有《枯木怪石图》、《竹石图》等。

故事

苏轼因为反对当时朝廷的一些变革措施，处境很是艰难，他自己请求离开京城，到杭州去做地方官。弟弟子由（苏辙）和表哥文同对他一直放心不下，送行时再三劝他今后再也不要管朝廷的事了，不要由着性子写诗，如果被坏人抓住把柄向皇上诬告，后果不堪设想。为此，文同还特意送他两句诗：“北客若来休问信，西湖虽好莫吟诗。”意思是要苏轼到了杭州，千万别写诗了。

苏轼一到杭州，被秀丽宜人的湖光山色吸引住了。为了排遣内心的苦闷，他经常到西湖来游玩赏景。有一天，他和朋友在船上饮酒闲谈，看到浩瀚的湖面在明媚的阳光下，闪动着金灿灿的波光，不禁赞叹：“真美啊！”后来，天色渐渐转阴，下起蒙蒙细雨。这时，湖面空阔迷茫，山影淡远柔和，苏轼又为西湖的雨中奇景所倾倒。忽然，他觉得这西湖很像古代美女西施，不论她是浓艳的化妆还是淡抹的脂粉，都是那么得体而迷人。于是，他情不自禁地吟了《饮湖上初晴后雨》诗，“欲把西湖比西子，淡妆浓抹总相宜”，便是这首诗中的千古名言。

赏析

如果是美丽的东西,无论怎样去修饰,也掩盖不住天然的美丽。美丽的事物是不需要去装饰的,是依靠内涵让人欣赏。

外表的美丽只是瞬间的视觉感受,而内在美则反映了一个人的本质和内涵,才能体现一个人的素养和品行。如果一味地注重外表,为了美丽而美丽,装饰了太多的包装,只会没有时间和精力去修炼自身,使得事物的内在乏善可陈。只有保持优良的内在素质,比如正确的人生观和人生理想,高尚的品德和情操,丰富的学识和修养,才能真正体现一个人的本质。

运筹帷幄之中,决胜千里之外

——西汉·刘邦

译文

在军营帷帐中对军略做全面计划,却能在千里之外的前方战场上取得胜利。

名人简介

(见第 17 页)

故事

汉高祖刘邦做了皇帝，在一次庆功宴上，当众赞扬张良的功劳说："要说'运筹帷幄之中，决胜千里之外'，连我也比不上张良啊！"刘邦用这句话来赞扬张良，一是肯定他的大功，二是评论他的才能。

张良是刘邦的主要谋士。他年轻时，因为憎恨暴秦统治，曾经谋刺过秦始皇，没有成功。后来遇到一位老人，送给他一部《太公兵法》，张良就用从这部书里学到的本领帮助刘邦推翻暴秦，建立了汉朝。

张良常常在关键时刻，提出重要的战争决策。有一次，刘邦打算派两万兵马强攻峣（yáo）关。张良提出建议说："秦军目前还很强大，不可小看。据说峣关守将是屠夫的儿子，非常贪财。这种人很容易用珍宝钱财买通。请您且留在营里，另派一支先遣部队，行军时做出有5万兵马的样子，还要在周围山上遍插军旗，到处布设疑兵；然后再派人带着重金财宝去贿赂秦将。"刘邦依计而行。秦将被财物打动了心，同时他又见到四周都有汉兵，恐怕打不胜，就答应投降刘邦。张良说："将领虽然投降，他的部下却不一定肯听。要是部下不听，那就十分危险。不如乘他们目前斗志松弛，没有准备的时候，一举把他们消灭！"

打算投降的秦军没有防备刘邦会来攻打他们，所以一下子就败退了。刘邦率军乘胜追击，一直打到秦朝首都咸阳城下，秦王子婴出城投降，秦朝就灭亡了。张良还为刘邦谋划过好几次重大的军事活动，最后帮助刘邦消灭了劲敌项羽，统一天下，做了汉朝皇帝。因为张良体弱多病，所以不能直接指挥军队打仗。他总留在军营内帮刘邦出谋划策，也就是"运筹帷幄之中，决胜千里之外"，汉朝的建立，张良的功劳很大。

赏析

完成任何事情，都是一个复杂而波折的过程，在确定好目标之后，一定要善于对事情的过程做出规划和阶段性的步骤，以避免中途的错乱和盲目性。做好规划和协调，会使我们更容易把握住机会，掌握大局，协调好可以利用的资源，发挥出最大的潜能。

面对激烈的竞争环境，不管我们是学习还是做事，都应该积极主动地做好规划和安排，对于可能面临的困难和恶劣环境做出明确的估量和应对措施，这样我们才能保证自己在竞争中处于不败之地。

丈夫为志，穷当益坚，老当益壮

——东汉·马援

译文

大丈夫立志，穷困的时候，意志要更加坚定；年纪大了，要更有干劲。

名人简介

马援（前 14 ～ 49），字文渊，扶风茂陵（今陕西兴平东北）人，东汉著名的军事家。因功累官伏波将军，封新息侯。

曾以“男儿要当死于边野，以马革裹尸还葬”自誓，出征匈奴、乌桓，后在进击武陵王溪蛮时，病死军中。

故事

东汉时期，有一个人叫马援。他的祖先赵奢是赵国的大将，赵惠文王因为赵奢有功，赐给他一个爵号，叫“马服君”。从此，赵奢的后世子孙改姓为“马”。马援的曾祖父马通被封为重合侯，后来因为谋反被杀了头。马援的祖父和父亲都没有当过大官。马援的三个哥哥马况、马余和马员都很有才能，在王莽新朝任职，食禄两千石。

马援 12 岁时失去了父母。他在青年时期就胸怀大志，他的哥哥们觉得弟弟非同寻常，曾经让他拜颍川满昌为师，学习《齐诗》。但是马援不愿意寻常摘句地学习，于是辞别哥哥马况，想到边郡畜牧。马况对弟弟说：“你有大才，过些时日定能成功。”哥哥同意了他的请求。后来，马援当郡督邮，送犯人到司命府治罪。那个犯人犯有重罪，马援同情他，并把他放走了。马援无法回去述职，逃命到北地。被赦免之后，他就留下来从事畜牧业，许多宾客都跟随着他。马援对宾客们说：“大丈夫应当有志气。

贫穷时，志向应当更坚定；年老时，志气应当更壮盛。”由于他从事畜牧有方，竟有数千头牛、羊、马，数万斛粮食。

马援62岁时，汉军去平定武陵动乱，结果全军覆没。马援向光武帝请求出战，光武帝劝他说：“你征战无数，年纪大了，不要再出征了！”马援说：“我不算老，披甲上阵易如反掌！”光武帝深为感动，令他率领四万大军征讨武陵。此时正是暑天，骄阳如火，敌军守住山头，居高临下，汉军的船只被急流所阻，久攻不下。许多官兵中暑，军营疾病流行，马援也病倒了，但他仍坚持指挥部队。由于马援没有采纳另一名部将的意见，那名部将报告朝廷，诬陷他指挥不当。朝廷派人来调查时，马援病重死去。

赏析

人在逆境中，反而更容易成长，处境越穷困，意志应当越坚定。

逆境随处可见，关键要看面对逆境时的态度。有些人面对恶劣的环境时，就对自己和未来丧失信心，在挫折和困难面前畏惧退缩，失去曾有的拼搏精神，甚至放弃自己的信念和理想，而沉湎于良好的环境中享受着安逸，不愿前进。而有些人在逆境中，不仅没有削弱他的信心，反而磨炼出更坚强的意志和能力，越挫越勇，目标更明确，步伐更稳重。

丈夫志四海，万里犹比邻
——三国·魏·曹植

译文

男子汉大丈夫志在四方，万里的距离在眼中看来就像邻居那么近。

名人简介

（见第 3 页）

故事

三国时的魏王曹操有二十五个儿子。正妻卞王后所生四子是曹丕、曹彰、曹植、曹熊。

当时，曹操还没有确定立谁为太子，曹丕和曹植正是两位最有希望的竞争对手。弟兄俩为了争立，都极力要讨曹操的欢喜。曹植处处表现自己的聪明才智，而曹丕则尽量显示忠厚仁爱。长此以往，曹操就觉得，曹植才高敏捷，却不如曹丕天性仁厚，最后决定立曹丕为太子。

到曹操死后，曹丕由魏王而成了魏文帝。他对所有的兄弟都有些顾忌，特别是对曹植更不放心。他虽然封兄弟们为王，让他们掌管一处封地，却又派心腹为“监国使者”，代表朝廷去监督他们。

有一年，曹植、曹彰和另一位年龄相近的异母兄弟曹彪，都奉太后之命来京城聚会，弟兄们阔别已久，见了面都想像幼年时那样无拘无束，享受天伦之乐，曹彪还提出，希望能住在相邻近的地方，以便朝夕相见。皇帝曹丕怕弟兄们聚在一起会秘密联合起来反对自己，偏把他们的住所远远地隔开，还严格限制他们的行动。曹彰见了太后，曾要求让弟兄们在京城住上一年半载，不要让他们远离母后，浪迹四方。曹丕知道后，却又故意决定在最短时间内要他们各自分别离京回去。曹彰身体不好性子又烈，竟因此愤恨发病，死在京城。

曹彰殡葬不久，曹植、曹彪也奉命回去。出京后，兄弟们想结伴同行一程，这也遭到监国使者的反对，只好分别各按规定路线走，曹植气愤难平，因此作了一首诗题为《赠白马王彪》，“丈夫志四海，万里犹比邻”，就是这首诗中的名言。

赏析

“海阔凭鱼跃，天高任鸟飞”，人要有远大的志向和目标，只有确立志向之后，才能将自己锁定在这个志向上，有计划地向着这个方向迈进，不断实现自我，不断超越自我。在追求成功的路上不可能处处平稳，一帆风顺，遇到始料未及的困难、挫折甚至磨难，都是正常的事。如果你没有坚定的信念，就会退缩却步，前功尽弃，最后一事无成。

我们正处于满怀激情不断前进的时代，只有为自己立下远大的志向并付诸行动，向着目标不懈努力，才能不断地与成功拉近距离。

知之为知之，不知为不知，是知也

——春秋·孔子

译文

知道就是知道，不知道就是不知道，这就叫智慧。指做学问态度要端正，也指做人要诚实。

名人简介

（见第 116 页）

故事

仲由，字子路，是鲁国卞邑人。他为人正直，有勇力而性格比较鲁莽。有一次，他特地去找孔子，仅仅因为不服气孔子的识礼博闻而想凌辱孔子。不料，见了孔子，孔子以礼相待，针对子路的性格特点，用言语来诱导他，教育他。子路深切地感到自己过去凭意气和勇力来对待人和事是错误的，便写了悔过的检讨书，下决心拜孔子为师。

子路虽然粗鲁，但有个很大的优点，叫做"闻过则喜"，就是听到别人批评他的错误缺点便很高兴，因而进步很快。子路对他母亲又很孝顺。母亲年龄大了，要吃些细粮，他常常步行到百里以外，去买了米背回家供老母食用。子路一向以勇武闻名，他投师孔门以后，对孔子和其他文弱的同学来说，无形中起了保护作用。所以孔子曾说："自从仲由来了以后，耳朵里再听不到什么恶言恶语了。"但是，孔子对子路的"勇"还是不断进行诱导。他告诫说：勇要以仁义为前提，君子好勇而无仁义就会造成混乱，小人好勇而无仁义就会去偷盗。

孔子认为子路的本质很好，所欠缺的是学习，所以一再教育他。一次，孔子问子路：

“由啊，你知道人应该有哪六种品质吗？”

“学生不是很清楚。”

“那就是仁、智、信、直、勇、刚。”

子路听了，觉得自己至少具备信、直、勇、刚四种，很高兴。但孔子接下去说：“可是，我告诉你，仁而不好学，就会受到愚弄；智而不好学，将会行为放荡；信而不好学，一定会遭到祸害；直而不好学，会造成急躁尖刻；勇而不好学，会闯出乱子；刚而不好学，将造成狂妄偏执。”子路这才明白，老师的目的是启发他好学。孔子还向子路说过一句名言，告诉他怎样才是真正的“智”：“知之为知之，不知为不知，是知也。”

赏析

活到老，学到老。知识是无止境的，学习也要不断地循序渐进，不能不懂装懂。我们要不断提高自己学习知识的热情，不能为满足一时的虚荣之心而自欺欺人。

如果在众多学识渊博的人面前不懂装懂，就会失去很多学习和提高的机会。这样不但不能学习到自己所欠缺的知识，还可能贻笑大方；不仅没有满足自己的虚荣心，反而挫伤了自尊心，容易造成心理阴影。

在知识的海洋里，虚心求教，充实自己，我们才能变成一个博闻广记之人。

只解沙场为国死，何须马革裹尸还

——清·徐锡麟

译文

战士只知道要在战场上为国家而献身，何必还要用马皮包裹尸体运回家乡呢？比喻视死如归的革命精神。

名人简介

徐锡麟（1873～1907），中国民主革命烈士。字伯荪，浙江山阴（今绍兴市）人。自幼好学，勇于探索，喜研数学、天文。尝夜观天文，绘制天象图，手著浑天球，点缀列星于其上，并留心地舆，勘察绘制绍兴府地形图。绍兴府算学堂教师。1903年游历日本，在大阪参加国际博览会期间，积极参加浙江留日学生营救因宣传反清思想入狱的章炳麟先生，并结识陶成章等许多反清革命志士；1904年经蔡元培、陶成章介绍在上海加入光复会；1907年调任巡警处会办兼巡警学堂监督，7月6日，刺杀安徽巡抚恩铭未果被捕，次日凌晨就义于安徽抚署东门外。时年35岁。

故事

清朝末年，朝廷对外屈服于帝国主义，对内残酷压迫人民。在这种腐败的政治环境之中，不少青年感到民族危机深重，纷纷寻找救国的道路，浙江绍兴的徐锡麟也是热血青年中的一员。

徐锡麟结交了许多革命党的朋友，不仅探讨救国理论，还从军事上作积极准备。当时中国的东北被帝俄侵占，而朝廷毫无反抗能力。他无比愤怒，在家中画了俄国侵略者的头像作为靶子，用短枪射击。他的父亲见此情形吓坏了，把他赶出家门。徐锡麟同革命党人密谋，购买武器，自己想进军事学校学习，但因眼睛近视而不能入学，但他自己仍刻苦学习。

1903年，徐锡麟去日本，在日本结交了许多满怀革命理想的爱国青年。1906年回国，他游历了北京和东北几省。当他出山海关时，看到大好河山的壮美，想到锦绣大地被侵略者霸占，不觉怒从心起，于是借怀念古人来抒发自己为国效忠的壮志，吟出了《出塞》诗，“只解沙场为国死，何须马革裹尸还”，便是这首诗中的名言。

赏析

生命是有限的，我们无法控制生命的长度，但是我们可以控制生命的深度。“人总有一死，或重于泰山，或轻于鸿毛”，为何而死，决定着我们生命的高度和价值。

那些为了国家，战死沙场，为了国家的利益而不惜牺牲自己生命的人，即使已经死了，但是永远活在人们的心中，而有些为了个人利益而不顾损坏集体或国家利益和形象的人，即使在世上苟且地活着，却已经在人们心中死去，甚至遭到人们的唾弃和鄙视。

至诚则金石为开　——西汉·扬雄

译文

只要非常诚心，即使是金属和石头那样坚硬，也能把它们打开。比喻只要专心诚意去做，什么疑难问题都能解决。

名人简介

扬雄（前 53 ～ 18），字子云，蜀郡成都（今属四川）人。西汉文学家、哲学家、语言学家。扬雄少时好学，博览多识，酷好辞赋。口吃，不善言谈，而好深思。家贫，不慕富贵。40 岁后，始游京师。。王莽称帝后，扬雄校书于天禄阁，官为大夫。

扬雄早年极其崇拜司马相如，曾模仿司马相如作《甘泉》、《羽猎》、《长杨》，后主张一切著述都应以“五经”为准则，转而研究哲学。仿《易经》作《太玄》，仿《论语》作《法言》等。在《法言》中，他主张文学应当宗经、证圣，以儒家著作为典范，这对刘勰的《文心雕龙》颇有影响。扬雄还著有语言学著作《方言》，是研究古代语言的重要资料。

故事

李广是西汉名将，武艺超群，尤其擅长射箭。他常与匈奴激战，有“飞将军”之称。汉武帝为了防止匈奴进犯，派李广任右北平太守。李广任职后，匈奴人都害怕他，有好几年都不敢侵入右北平。那时，右北平一带经常有老虎出没。一天，李广带人到冥山北坡去打猎，看见一只老虎正在山坡上熟睡。他瞄准老虎，一箭射过去，将老虎射死了。李广十分高兴。

过了几天，李广又带人到冥山南坡去打猎，看见草丛中又蹲着一只老虎，众人都要他表演弯弓搭箭的绝技。他不敢大意，瞄准老虎狠狠地射了过去。箭射中了老虎，但老虎还是蹲着不动。李广十分奇怪，就小心走上前去仔细一看，原来他射中的并不是老虎，而是一块形状酷似老虎的大石头。他的那支箭深陷石头中，再也拔不出来了。李广决定再射几箭试试，但他所射的箭都被折断了，而石头上却没有什么痕迹。

人们经常谈论这个神奇的故事。西汉末年著名的大文学家扬雄说："至诚则金石为开。"这句名言告诫我们做事要有诚心，不要怕困难。

赏析

有诚心就是做人做事要有忠诚的风尚、坦诚的胸怀，不怕任何艰难险阻。任何事，只要诚心去做，不畏艰难，都能有所收获。

做任何事情，我们都应该用一颗诚心来对待，只要下定决心去做这件事，就要有信心把它做好，尽管途中会遇到很多困难和坎坷，都不要退缩，不向困难低头，不半途而废，认真细致地做好每一个步骤，坦诚面对失误，这样才会一步一步走向成功。如果没有诚心做事，遇到困难和挫折就逃避放弃，那么再简单容易的事情也无法成功。

忠言逆耳利于行，良药苦口利于病

——西汉·张良

译文

忠诚的劝告听起来很不顺耳，但有利于人们做事；有益的药物吃起来味道很苦，却有利于人们治病。

名人简介

张良（？～前189或前190），西汉初大臣。字子房，相传为城父（今河南襄城西南）人。汉初三杰之一，伟大的谋略家、政治家。先祖原为韩国颍川郡贵族，其祖三代为韩丞相本姓姬。秦灭韩后，他图谋恢复韩国，结交刺客，在古博浪沙（在河南原阳东南）狙击秦始皇未遂，逃亡至下邳（今江苏睢宁北）。秦末农民起义中，率部投奔刘邦，不久游说项梁立韩贵族成为韩王，为韩司徒。后韩王成被项羽杀害，复归刘邦，为其重要谋士。楚汉战争期间，"长计谋平天下"，都为刘邦所采纳，提出不立六国后代，联合英布、彭越，重用韩信等策略，又主张追击项羽，歼灭楚军。汉朝建立，封留侯。刘邦曾赞其"运筹帷幄之中，决胜于千里外，子房功也"。传见《史记·留侯世家》、《汉书·张良传》。

故事

公元前207年，项羽在巨鹿大破秦军，刘邦趁机攻入关中。第二年，刘邦又占领了秦朝的都城咸阳，残暴的秦朝终于被推翻了。

刘邦攻入咸阳以后，进入秦朝的皇宫阿房宫一看，目瞪口呆，完全被里面的华丽奢侈吸引住了。于是刘邦想住在宫里，享受一下皇宫的生活。刘邦手下的大将樊哙看到刘邦不想出宫，就大声质问刘邦说："你是想打天下，还是想做一个富人呢？你一进皇宫就着了迷，要知道秦朝之所以灭亡，正是因为有这样奢华的秦宫啊！你要打天下，就不能迷上这些东西，赶快出宫吧！"

刘邦一声不吭地坐着。过了一会儿，他才慢吞吞地说："我十分劳累，今晚就在这里住下了。"樊哙十分生气，就找谋士张良来劝告刘邦。张良对刘邦说："秦朝残暴至极，所以你才能大破秦军，进入秦宫。为百姓除害，就得节俭朴素。但现在你也想进入宫中享乐，早晚也会落得像秦朝一样的下场。忠言逆耳利于行，良药苦口利于病。希望你能听从樊哙的劝告。"

刘邦听了，猛然醒悟过来，下令关上宫门，带领军队驻扎到别的地方去了。

赏析

人们在做事情的时候，难免会遇到挫折和困难，在我们需要帮助的时候，往往会有人来安慰或劝告。有些事情在做之前，因为并未经历，所以对于别人的忠告会产生抵触心理，而往往抱着侥幸的心理，不虚心接受和听取建议，导致最后常常会后悔于自己的固执。

任何时候都是一样，那些不顺耳的话语，往往都是前人经历过后得来的良苦经验和教训，能为我们指引正确的道路，我们应该虚心听取，并适当接受建议，这样才能让我们少走弯路。

朱门酒肉臭，路有冻死骨

——唐·杜甫

译文

豪门贵族家里的酒肉多到吃不完发臭了，而路上却有冻饿而死的人。形容贫富悬殊的社会现状。

名人简介

（见第 27 页）

故事

杜甫于唐玄宗天宝四年在鲁郡石门和李白握手道别，于次年来到了长安。他是怀着“致君尧舜上，再使风俗淳”的政治理想，意气风发地进京。当时奸相李林甫和杨国忠把持朝政，排斥异己，嫉贤忌能。唐玄宗命令广泛地寻求天下能人，只要精通一艺，都要来到京师，这就是所谓的“制举”。杜甫也去应试了。

李林甫害怕举人们在对策时会指斥他的奸恶，便搞阴谋操纵考试，结果考试变成了骗局，竟然没有一个人考上。李林甫事后还自作聪明，给皇帝上表祝贺说：“野无遗贤。”

杜甫考试失败，所受的打击很大，他感到不满和忧愤。政治理想得不到实现，抱负无法施展，一个个挫折接踵而来。他的生活也更加艰难。在长安十年，虽然多方努力，而功业却一无所成。到了天宝十四年，杜甫 44 岁了。十月，才得到“右卫率府兵曹”的小官。十一月，他离开京城，跑到奉先县去看望寄居在那里的妻子。

安禄山恰好在此反叛，但长安还没有得到消息，唐玄宗和杨贵妃在骊山华清宫避寒享乐。杜甫从长安到奉先，正经过骊山。十年的长安生活，使诗人熟知上层统治阶级的骄奢淫逸和政治的腐败黑暗；病贫交加又使他对社会弊端和民生疾苦有深刻的体察。于是，这位忧国忧民的伟大诗人，写下了《自京赴奉先县咏怀五百字》这首光照千古的长诗，"朱门酒肉臭，路有冻死骨"，就是这首诗中的名句。

赏析

在长安的十年苦痛经验，对污浊现实的深刻认识，人民的悲惨生活等，使诗人积郁甚深；看到豪门贵族家有吃不完的酒肉，以至于发臭，而路上却到处是冻饿而死的贫苦人的尸骨，于是吟出了"朱门酒肉臭，路有冻死骨"的千古名句，形象地表明了当时社会贫富悬殊的情况，表达了诗人对统治者的不满和对劳动者的同情。

醉翁之意不在酒，在乎山水之间也

——北宋·欧阳修

译文

醉翁的本意不在酒上，而在秀丽的山水之间。后比喻做事另有谋图。

名人简介

（见第 44 页）

故事

欧阳修 4 岁那年父亲就去世了，由母亲郑氏带他到随州依靠叔父生活。欧阳修 24 岁来到汴京参加礼部进士考试，主考官是前辈词人晏殊。晏殊发现欧阳修文才杰出，把他推举为第一名。欧阳修中进士后，先后在汴京和西京（洛阳）做官，结交了好多志同道合的文人诗友，如梅尧臣、苏舜钦、尹洙等，他们都是政治上正直的官员，又是主张诗文革新的文学家。当时，宋王朝内外矛盾越来越深，范仲淹因倡导改革，直言敢谏而被贬出京。欧阳修十分推崇范仲淹，多次写信给范仲淹，表示支持。后来，范仲淹调回京城，欧阳修也从西京调到汴京任馆阁校勘。范仲淹接连上奏，指出朝廷的重大弊端，遭到宰相吕夷简的不满，被诬告"荐引朋党，离间君臣"，再一次被贬到江西饶州。

欧阳修的同事尹洙说："范仲淹一向是忠良的大臣，我和他是师友的关系，如果说有朋党，我属仲淹一党，应该和他同罪。"结果，尹洙被贬出京当了个地方小吏。接着，吕夷简通过御史台贴出布告，告诫百官不许超越本职议论政事，这样一来，能够向朝廷进谏的只有谏官了。但是，平时号称"君子"的谏官高若讷不但不为范仲淹说话，反而极力诋毁范仲淹。欧阳修十分气愤，当即给高司谏写了一封措辞激烈的信。高若讷接到这信，恼羞成怒，把欧阳修的原信上交朝廷，结果欧阳修也被贬出京，到夷陵（今湖北宜昌）任县令。后来，朝廷起用范仲淹防御西夏进犯，四年后，又召回范仲淹任参知政事，这就是"庆历新政"实行的一年。范仲淹提拔了一些能够参与革新的官员，欧阳修也被召回京城，当了谏官。

一些官僚贵族为了反对新政，又攻击范仲淹等结为朋党，把持朝政。

于是，欧阳修用他熟练的古文笔法，写了一篇名作《朋党论》，上呈宋仁宗。宋仁宗是个有时糊涂，有时清醒的君主。欧阳修言论激烈，一些保守派把他看作仇敌，但那时仁宗却表示赞赏，他对侍臣说："像欧阳修这样的人才，哪里能再找到！"还命他任知制诰，起草诏令。但好景不长，庆历新政实行不到一年就停止了。范仲淹、韩琦、富弼等都被罢相位，欧阳修竭力劝谏无用，反被保守派攻击，调离京城，到安徽滁州任知州。

滁州是个山明水秀的地方。欧阳修屡遭贬谪，心情自然有些气愤不平。但他暂时摆脱了政局紊乱的朝廷，来到一个民俗淳美的幽静环境，也觉得另有一番乐趣。他在处理政务之外，常常悠游山水，来到了当时风景秀丽的琅琊山，听到潺潺做声的酿泉，看到那峰回路转飞架在泉上的醉翁亭，为了记述醉翁亭一带朝暮和四季不同的景色，也为了描述他和滁州百姓、宾客在那里游宴，写太守与民同乐的情趣，于是挥笔写了这篇名作《醉翁亭记》，"醉翁之意不在酒，在乎山水之间也"，便是该文中的名言。

赏析

"酒"并非本意，目的是为了"山水之乐"。当我们做一件事情的时候，可能直接对物施力不能达到很好的效果。就像我们要批评一个人，如果直接说会伤害别人，本来我们的出发点是好意，但反而会使人产生抵触心理，达不到本意的效果。这时候我们就需要委婉地表达自己的意见。我们可以尝试着先赞美对方，制造一个恰当的语言环境，再委婉地提出自己的意见，让对方更容易接受，这样我们的目的就能够很好地达到了。